IN HER FOOTSTEPS

Reisen zu
außergewöhnlichen
Frauen

INH

ALT

EINLEITUNG 5

1 | **AKTIVISTINNEN 8**
2 | **KÜNSTLERINNEN 68**
3 | **PIONIERINNEN 142**
4 | **IKONEN 212**

INDEX 284

EINLEITUNG

Die Menschheitsgeschichte ist gespickt mit Namen von Männern, über die man mühelos etwas erfährt und an die unzählige Monumente erinnern. Im Unterschied dazu sind Orte, die durch weibliche Errungenschaften bedeutsam wurden, weniger leicht aufzuspüren. Doch wer aufmerksam reist, wird weltweit auf Denkmäler für Frauen stoßen. Es sind Lehrerinnen, Künstlerinnen, Aktivistinnen, Kriegerinnen und viele andere Frauen, deren Namen uns teils geläufig sind, teils aber auch viel zu lange unbeachtet blieben. Große Frauen schreiben leider nur selten Geschichte.

Mancherorts haben Frauen ihre unverwechselbaren Spuren hinterlassen. Ihre Verdienste quer durch die Jahrhunderte werden in diesem Buch gefeiert. Es ist eine Sammlung bedeutungsvoller Schauplätze und Wirkungsstätten – größere und kleinere, sichtbare und verborgene – von grandiosen Frauen. Das Buch ist Wegweiser und Inspirationsquelle zugleich für Weltenbummler, die wissen wollen, welche Möglichkeiten sich eröffnen, wenn wir ein „Nein" nicht einfach hinnehmen.

Es geht um Frauen, die für die Rechte indigener Völker eintreten, um Sängerinnen, Anführerinnen der Suffragettenbewegung, Olympiateilnehmerinnen und Königinnen, die sich den Kolonialmächten entgegenstellten. Es geht um Ausnahmeathletinnen, Pilotinnen und furchtlose Abenteurerinnen, die sich in unbekanntes Terrain vorwagten. Um Wissenschaftlerinnen, die mit ihren Entdeckungen Geschichte schrieben, und um Aktivistinnen, die bestehende Ungerechtigkeiten nicht akzeptierten. Am schwierigsten war für uns, aus der immensen Fülle von großartigen Frauen die Auswahl zu treffen. Es war schlichtweg nicht möglich, jede historische oder zeitgenössische Frauenfigur, die ihre Erwähnung verdient hätte, in diesem Werk aufzuführen.

Das Buch porträtiert Frauen, die riesige Landstriche in Naturreservate verwandelten und dann verschenkten. Es sind Frauen, die Gewaltherrschern die Wahrheit unverblümt ins Gesicht sagten, die marschierten, organisierten, protestierten. Frauen, die noch in allerhöchster Gefahr an ihren Idealen festhielten. Frauen, die Bücher, Verse und Lieder schrieben, in denen sich die Leserinnen wiederfinden, oder die, wie im Falle von Murasaki Shikibu, den ersten Roman der Welt verfassten. Es sind Frauen, die gegen ein Imperium aufmarschierten, sei es gegen Rom oder ein Reich jüngeren Datums. Es sind Frauen, die anstelle von Männern an der Macht waren und denen ihre Strategien und Eroberungen oft als intrigant ausgelegt wurden.

Frauen waren häufig in ihren Handlungen und Überzeugungen von den Gegebenheiten der jeweiligen Epoche eingeschränkt. So gab es auch Bildungsaktivistinnen, die gegen das Frauenwahlrecht wetterten, und führende Politikerinnen, die gegen das Aufkeimen ethnischer Spaltungen nichts unternahmen. Menschen in Führungspositionen, gleich welcher sexuellen Identität, unterliegen denselben Zwängen und ihren eigenen Ansichten. Wie jede Identität ist auch die Identität der Frau – die der Feministin und die der Queer – nichts Starres, sondern stetig im Wandel.

In Her Footsteps ist ein Reiseführer für eine alternative Reise rund um die Welt. Er dokumentiert einzigartige Frauen aus allen Gesellschaftsschichten und Epochen quer durch die Jahrhunderte und gewährt einen kurzen Blick auf den Einfluss und das Vermächtnis von Frauen, die allzu oft in Vergessenheit geraten. Wir hoffen, dass die Lebenspfade und Wirkungsstätten der zahllosen Heldinnen, die hier mangels Platz nicht ihre angemessene Würdigung erfahren durften, von den Reisenden selbst unterwegs aufgespürt werden. Die Frauen in diesem Buch sollen für uns Vorbilder sein. Sie inspirieren und ermutigen uns dazu, unsere ganz eigenen Lebenswege einzuschlagen.

AKTIVIS-TINNEN

Kirche von San Agustín
LA POLA
Bogotá, Kolumbien

Wenn man in Kolumbien den Fernseher einschaltet, läuft vielleicht gerade eine Wiederholung der Telenovela *La Pola*. Die TV-Serie porträtiert das Leben von Policarpa Salavarrieta, alias La Pola (1795–1817), das ohne jeden Zweifel 200 Episoden wert ist: Die junge Frau, gebürtige Kolumbianerin, war als Spionin bei den Royalisten tätig. Um geheime Informationen über die Aktivitäten und Pläne der Generäle zu beschaffen, bot sie deren Frauen und Töchtern ihre Dienste als Näherin an. Während sie Knöpfe annähte und Säume flickte, belauschte La Pola die Gespräche und gab jedes Detail an die kolumbianischen Revolutionäre weiter. An der Seite von Alejo Sabaraín, ihres Geliebten und Genossen im Unabhängigkeitskampf, wurde La Pola am Ende als Verräterin verhaftet und zum Tode verurteilt. Trotz Befehl, bei ihrer Exekution den Schützen den Rücken zuzukehren, wendete sie mutig den Kopf und blickte sie an. Ihre letzten Worte sollen gewesen sein: „Ich habe genug Mut, diesen Tod und tausend Tode mehr zu sterben! Vergesst mein Beispiel nicht!" Die letzte Ruhestätte fand La Pola im Konvent von San Agustín in La Candelaria, einem Vorort von Bogotá. Ihr Todestag, der 14. November, wurde später zum „Tag der kolumbianischen Frau" erklärt und ihr Gesicht ziert kolumbianische Banknoten, Münzen und Briefmarken.

📍 Gerade mal 22 Jahre alt war La Pola bei ihrer Hinrichtung im Jahre 1817.

Belmont-Paul House
ALICE PAUL
Washington, D.C., USA

„Es wird nie eine neue Weltordnung geben, bis Frauen ein Teil davon sind."

Belmont-Paul House heißt das Gebäude heute, in dem die National Woman's Party (NWP) zuletzt ihren Sitz hatte. Gegründet hatte Alice Paul (1885–1977) die Frauenrechtsorganisation 1916 aus Unzufriedenheit über das träge Taktieren der National American Woman Suffrage Association. Paul wollte das Amendment, den Zusatzartikel in der Verfassung für das Stimmrecht der Frauen, mit mehr Vehemenz erstreiten. Ihre Organisation NWP war radikaler und betrieb eine effektivere Lobbyarbeit, indem sie z. B. detaillierte Informationen über Kongressabgeordnete sammelte. Alice Paul, Lucy Burns, Dorothy Day und weitere Mitstreiterinnen wollten Präsident Woodrow Wilson mit allen Mitteln vom Amendment überzeugen. Die NWP war die erste Gruppierung, die es wagte, mit Transparenten vor dem Weißen Haus aufzumarschieren. Im Belmont-Paul House kann man eine „Suffragetten-Kelle" mit Gedenkspruch anschauen, Elizabeth Cady Stantons Stuhl, Susan B. Anthonys Tisch oder auch detaillierte Notizen im „Congressional Card File/Deadly Political Index" über die Treffen der NWP mit Kongressmitgliedern. Eine solche Lobbyarbeit von Aktivisten, heutzutage üblich, kannte man damals noch nicht.

📍 Das Belmont-Paul House liegt direkt neben dem Hart Senate Office Building, das in der Vergangenheit ebenfalls Protestaktionen erlebte.

Plaza de Mayo
DIE MÜTTER DER VERSCHWUNDENEN
Buenos Aires, Argentinien

Jeden Donnerstag halten die Madres, Mütter, in Buenos Aires auf der Plaza de Mayo einen Protestmarsch um die Mai-Pyramide ab. Manche tragen weiße Kopftücher, andere halten Plakate mit den Gesichtern ihrer vermissten Kinder hoch oder Transparente mit den Worten *„Ni olvido, ni perdón"* (Kein Vergessen, kein Vergeben) und *„Memoria, verdad y justicia"* (Gedenken, Wahrheit und Gerechtigkeit). Seit 1977 protestieren sie unablässig jede Woche und fordern Gerechtigkeit für ihre Kinder, die unter der Militärdiktatur in Argentinien spurlos verschwanden. Der landesweite Albtraum von 1967–1983 begann mit dem Sturz der argentinischen Präsidentin Isabel Perón durch die rechte Militärjunta. Im Namen der „nationalen Reorganisation" wurden Guerilleros, aber auch Journalisten, Studenten, Schriftsteller und all jene verhaftet, die als Oppositionelle verdächtigt wurden. Bis zu 40 000 *Desaparecidos* (Verschwundene), so schätzen Menschenrechtsorganisationen, wurden in geheimen Gefängnissen festgehalten und hingerichtet. Zu Beginn verbündeten sich die Madres, um Informationen über den Verbleib ihrer Söhne und Töchter zusammenzutragen. Öffentliche Versammlungen waren gefährlich. So wurde Azucena Villaflor, eine Mitbegründerin der Madres, verschleppt und vom Regime ermordet. Als immer mehr Menschen verschwanden, stieg die Zahl der Madres – und ihre kollektive Wut. Auch wenn später einige Militärführer wegen Genozids verurteilt wurden, wissen viele Madres bis heute nicht, was mit ihren Verwandten geschah. Und so marschieren sie weiterhin jeden Donnerstag und fordern endlich Aufklärung.

Die Plaza de Mayo liegt im Zentrum von Buenos Aires unweit des Präsidentenpalastes und ist leicht per U-Bahn oder Bus erreichbar.

„Die Leute sagen immer, ich hätte meinen Platz deshalb nicht frei gemacht, weil ich müde war. Doch das stimmt nicht. Ich war nicht körperlich müde ... Ich war es einfach nur leid, immer wieder nachzugeben."

Montgomery Bus Stop
ROSA PARKS
Alabama, USA

Ihre Weigerung, 1955 in Montgomery ihren Sitzplatz im Bus an einen Weißen abzutreten, machte Rosa Parks (1913–2005) zu einer zentralen Figur im Kampf der US-amerikanischen Bürgerrechtsbewegung gegen Rassentrennung. Parks' Aktion war der Auslöser für den ein Jahr währenden Busboykott in Montgomery und das Vorbild für spätere Protestaktionen zivilen Ungehorsams, dem Markenzeichen der Bewegung. Ihr Leben lang blieb Rosa Parks eine aktive Bürgerrechtlerin. Sie gründete die Einrichtung „Rosa and Raymond Parks Institute for Self Development" zur Unterstützung von Jugendlichen. Auch kämpfte sie engagiert für die Gleichstellung auf dem Wohnungsmarkt und für eine Strafrechtsreform. Ihre Gagen für Vorträge spendete sie regelmäßig an Bürgerrechtsorganisationen. Parks wurde mit der Freiheitsmedaille des Präsidenten, der Goldenen Ehrenmedaille des Kongresses und der Spingarn-Medaille der NAACP geehrt. Um mehr über sie zu erfahren, lohnt ein Abstecher zur Bushaltestelle in Montgomery, wo alles begann. Daran lässt sich prima das Rosa Parks Museum anschließen.

📍 Montgomery ist ein Muss für jeden, der mehr über die Bürgerrechtsbewegung in den USA wissen möchte. Dexter Avenue Parsonage, das Wohnhaus von Martin Luther King Jr und Coretta Scott King, sowie das Legacy Museum sind unbedingt einen Besuch wert.

Florence Nightingale Museum

FLORENCE NIGHTINGALE

London, England

„Ich schreibe meinen Erfolg dem zu: Ich habe nie eine Entschuldigung gegeben oder angenommen."

Das Museum im St Thomas' Hospital an der Themse, gegenüber des Palace of Westminster, dokumentiert das Leben und Vermächtnis von Florence Nightingale (1820–1910). Die Sammlung ist nicht umfangreich, doch persönlich und eindrucksvoll. Man liest ihre Briefe, lauscht ihrer Originalstimme von 1890 und betrachtet ihren Arzneikasten, die legendäre türkische Laterne und die zahme, jetzt ausgestopfte Eule Athena, die Florence immer in der Tasche trug. So ergibt sich allmählich ein Gesamtbild dieser außergewöhnlichen, selbstlosen Frau.

Florence, benannt nach ihrem Geburtsort Florenz in Italien, widersetzte sich als 17-Jährige den Konventionen ihres wohlhabenden viktorianischen Elternhauses, indem sie „ihrer göttlichen Berufung" folgte. Sie wurde Krankenschwester und als solche im Krimkrieg zur Heldin, als sie dort entsetzt erkannte, dass mehr Männer im Lazarett an Infektionen starben als auf dem Schlachtfeld. Nightingale leitete eine Gruppe von Pflegerinnen und kämpfte Tag und Nacht um ihre Patienten – daher der Name „Lady mit der Lampe". Sie revolutionierte die Pflege und gründete die berühmte Krankenpflegeschule Nightingale Home and Training School for Nurses.

📍 Das Museum befindet sich unmittelbar hinter Waterloo Station auf den U-Bahn-Linien Bakerloo, Jubilee und Northern Line.

Greenwich Village
MARGARET SANGER
Manhattan, New York City, USA

New York City vor dem Ersten Weltkrieg – das war für Margaret Sanger (1879–1966) der richtige Ort zur richtigen Zeit. In den linken Kreisen entflammte ihre Leidenschaft für soziale Gerechtigkeit und ihr mutiges Engagement für die Gesundheit der Frauen. Soziale Gerechtigkeit war für Sanger gleichbedeutend mit Geburtenkontrolle. Ihre Mutter starb mit 49 Jahren, nach 18 Schwangerschaften und 11 Geburten. Als Krankenschwester in den New Yorker Slums erlebte Sanger hautnah die Ausweglosigkeit der Frauen, die nach ungeplanten Schwangerschaften an selbst durchgeführten Abtreibungen starben oder in Armut lebten, da sie zu viele Mäuler stopfen mussten. Sanger war eine Verfechterin der Sexualerziehung und Empfängnisverhütung, Abtreibungen hingegen lehnte sie ab. Sie wollte Frauen über Geburtenkontrolle aufklären und Zugang zur Verhütung verschaffen, um Abtreibungen zu verhindern.

1921 gründete Margaret Sanger die American Birth Control League. Deren Philosophie war, dass Kinder in Liebe empfangen wurden, mit dem bewussten Wunsch der Mütter, sie zu gebären. Aus der Organisation gingen Planned Parenthood und die deutsche Pro Familia hervor. Zeit ihres Lebens kämpfte Margaret für das weltweite Recht der Frauen auf Familienplanung. Das Gebäude in 17 West 16th St, das ihre Klinik für Geburtenkontrolle beherbergte, ist heute in Privatbesitz und die Umgebung hat sich verändert. Doch die Fassade existiert noch, wie auch ihr früheres Apartment in 4 Perry St.

📍 Margaret Sanger Square im Stadtteil NoHo ist ebenfalls sehenswert.

Library of Congress
KATHERINE DUNHAM
Washington, D.C., USA

Als Tänzerin und Choreografin erwarb sich die promovierte Anthropologin Katherine Dunham (1909–2006) verdienten Ruhm, doch ihre Bühnenkarriere war immer auch von sozialem Engagement bestimmt. Sie gründete ihre eigene Tanzgruppe, die sich afroamerikanischen und afrokaribischen Tänzen verschrieben hatte. Neben ihrer künstlerischen Arbeit kämpfte sie unermüdlich für die Rechte der Afroamerikaner. Bereits 1944 verweigerte sie Auftritte in Louisville, Kentucky, solange die dortigen Bühnen die Rassentrennung nicht aufhoben, und ihr Tanz *Southland* von 1951 klagte die Lynchmorde an. 1992 trat sie in Hungerstreik aus Protest gegen die US-Regierung und deren Umgang mit haitianischen Flüchtlingen. Ihr Vermächtnis ist heute in der ehrwürdigen Library of Congress zu sehen.

▪ Die Katherine Dunham Collection in der Library of Congress dokumentiert „den außergewöhnlichen Lebensweg einer Frau, die dem amerikanischen Modern Dance ein neues Gesicht verlieh".

Reichsuniversität Groningen
ALETTA JACOBS
Groningen, Niederlande

Aletta Jacobs (1854–1929) war die erste Frau der Niederlande, die als Ärztin eine Approbation erhielt. Unermüdlich engagierte sie sich für Frauenrechte, soziale Gerechtigkeit und Weltfrieden. Als Verfechterin der Empfängnisverhütung, die zu ihrer Zeit noch unbekannt war, errichtete sie 1880 in Amsterdam die erste Klinik für Geburtenkontrolle. Jacobs gründete die „Vereinigung für Frauenwahlrecht" (Vereeniging voor Vrouwenkiesrecht) und blieb deren Vorsitzende bis ins Jahr 1919, als sie einen Sieg mit der Einführung des Wahlrechts für alle Frauen in den Niederlanden erlebte.

▪ Eine Büste an der Reichsuniversität Groningen, an der Jacobs studiert hatte, gedenkt der Ärztin und ihren Errungenschaften.

Val-Kill Cottage

ELEANOR ROOSEVELT

Hyde Park, USA

„Ich glaube fest an die Fähigkeit und die Macht der Frauen, Dinge zu erreichen, die sie erreichen wollen."

Dass sie ihre eigene Schwiegermutter nicht mochte, ist nicht unbedingt erwähnenswert. Wohl aber, dass sie aus diesem Grund auf dem Familienanwesen ihres Gatten ein Haus für sich selbst errichten ließ. Eleanor Roosevelt (1884–1962), Ehefrau des US-Präsidenten Franklin D. Roosevelt, litt unter Sara Roosevelts Dominanz und weilte nicht gerne in Springwood, dem Familiensitz der Roosevelts. Zum Glück war genügend Platz für beide Frauen auf dem 73 Hektar großen Grundstück. 1924 baute sich Eleanor ein Haus, Stone Cottage, für das sie von Franklin lebenslanges Wohnrecht erhielt und in dem sie mit zwei Freundinnen lebte.

Zwei Jahre später errichteten die Frauen dort ein weiteres Gebäude für Val-Kill Industries. Die Fabrik war eine Idee Eleanors, um Farmern ein zusätzliches Einkommen zu ermöglichen. Eleanor war als leidenschaftliche Menschenrechtlerin und radikale Fürsprecherin der Frauen bekannt, weniger jedoch für häusliches Geschick, was man an den schlichten Räumlichkeiten von Val-Kill erkennt. Und dennoch: Hier hießen die Roosevelts fröhlich Freunde, Familie und Staatsoberhäupter willkommen. In Val-Kill blühte Eleanor auf, scharte Gleichgesinnte um sich, diskutierte und kämpfte für die sozialen Belange. Val-Kill Industries schloss 1936 und blieb seitdem ein Modell für die New-Deal-Sozialprogramme. Eleanor bezog das große Gebäude als Wohnhaus. In Val-Kill, ihrem einzigen wahren Zuhause, empfing sie später als UN-Delegierte viele Würdenträger.

Zutritt nur mit geführter Tour. Hudson Valley, New York, bietet einige Sehenswürdigkeiten, z. B. auch das Vanderbildt Mansion in Hyde Park.

Pferderennbahn Epsom Downs
EMILY WILDING DAVISON
Surrey, England

Wollte sie sich wirklich das Leben nehmen, als sie beim Epsom Derby 1913 vor das Rennpferd des Königs Georg V. lief, oder war es ein missglückter Versuch, am Zaumzeug ein Symbol zu befestigen? Die bekannte Suffragette Emily Wilding Davison (1872–1913) spaltete die öffentliche Meinung, zu Lebzeiten und mit ihrem Protest, der tödlich endete. Tatsache ist, dass ihre Aktion vor den Augen des Königs – aus Mut oder Leichtsinn – den Ausschlag für die Durchsetzung des Frauenstimmrechts gab, das in zwei Gesetzen 1918 und 1928 eingeführt wurde. 2013 wurde an der Rennbahn, die zu den bedeutenden Orten in der Geschichte der Suffragetten zählt, für Davison eine Gedenktafel enthüllt.

➡ Der zur Rennbahn nächst gelegene Bahnhof ist Tattenham Corner, mit halbstündigen Zügen via Purley nach London.

Drumchapel High School
AMAL AZZUDIN
Glasgow, Schottland

Amal Azzudin, 1990 in Somalia geboren, ist eine der Wortführerinnen im Kampf für die Rechte von Flüchtlingen. Sie kam selbst 2000 als Flüchtling mit ihrer Familie nach Schottland. Als 2015 eine Schulfreundin vom britischen Grenzschutz bei einer Razzia gegen Asylsuchende festgenommen wurde, gründete Amal mit sechs Freundinnen die Glasgow Girls, die mit ihren Protestaktionen das Bewusstsein der Öffentlichkeit für die Menschenrechte der Flüchtlinge enorm verstärkten. Im Stadtteil Drumchapel kann man die Schule sehen, an der die Proteste der Glasgow Girls ihren Anfang nahmen.

⬅ Vor dem Abschiebegefängnis in Dungavel, South Lanarkshire, eine Stunde südlich von Glasgow, wird heute noch protestiert.

IN HER FOOTSTEPS

Puerto Madero
ALICIA MOREAU DE JUSTO
Buenos Aires, Argentinien

Ende der 1990er-Jahre wurden in Buenos Aires Dutzende Straßen im Stadtteil Puerto Madero nach großen argentinischen Frauen benannt. Die Menschenrechtsaktivistin Azucena Villaflor ist darunter, die Schriftstellerin Victoria Ocampo oder Cecilia Grierson, die erste Ärztin Argentiniens. Eine Hauptstraße ist nach Alicia Moreau de Justo (1885–1986) benannt. Zur Delegierten für den Internationalen Arbeiterkongress in Washington, D.C., gewählt, ritt sie 1919 auf einem Maulesel über die Anden bis nach Santiago de Chile, bestieg ein Schiff nach Norden und schloss sich der Frauenrechtsbewegung an.

➡ Das nahe gelegene Museum Colección de Arte Amalia Lacroze de Fortabat zeigt die Kunstwerke einer weiteren großen Künstlerin.

© mikecesar / Getty Images

© Grand Warszawski / Shutterstock

Gefängnismuseum Pawiak
IRENA SENDLER
Warschau, Polen

Die polnische Sozialarbeiterin Irena Sendler (1910–2008) arbeitete für Żegota, die Geheimorganisation zur Rettung der Juden, und konnte auf diese Weise 2 500 Kinder aus dem Warschauer Ghetto retten. Sendler wurde von der Gestapo verhaftet und ins Pawiak-Gefängnis gebracht, in dem im Krieg 100 000 Menschen inhaftiert waren. Als es die deutschen Besatzer 1944 in die Luft sprengten, blieb eine Ulme stehen, an der nun Gedenktafeln angebracht sind. Sendler wurde für den Friedensnobelpreis vorgeschlagen und von der Holocaust-Gedenkstätte Yad Vashem geehrt. Sie erhielt den Weißen Adler, die höchste Auszeichnung Polens.

⬅ Die Eintrittskarte zum Gefängnismuseum Pawiak gilt auch für das Mahnmal des Kampfes und der Leiden und die Warschauer Zitadelle.

AKTIVISTINNEN

Southport Island
RACHEL CARSON
Maine, USA

Rachel Carson (1907–1964) verfügte nicht über die finanziellen oder persönlichen Freiheiten, um als Frau ihr Schicksal selbst in die Hand zu nehmen. Sie tat es trotzdem. Die Wirtschaftskrise (Great Depression) setzte ihrer akademischen Karriere ein frühes Ende, doch sie fuhr ihr Leben lang unbeirrt fort, die Umwelt zu beobachten und Neues zu entdecken. Vor allem schrieb sie darüber in einer Weise, die für Generationen die öffentliche Politik beeinflusste. Ihr Engagement für den Schutz der Umwelt erwuchs aus ihrer tiefen Naturverbundenheit, die in ihrer Kindheit im ländlichen Pennsylvania geprägt und an der Küste von Maine, ihrer späteren Heimat, weiter genährt wurde. Mit ihrem Talent, über wissenschaftliche Themen, etwa das Leben in den Meeren, sehr allgemeinverständlich zu schreiben, begeisterte sie die allergrößten Lesemuffel. Ihr Erfolg als Schriftstellerin ermöglichte ihr den Bau von Silverledges auf der Insel Southport Island, Maine. Von ihrem geliebten Cottage aus konnte sie durch die großen Fenster das Meer, die Seehunde und Wale beobachten. Freunde und Verwandte waren hier stets willkommen, auch Roger, der Sohn ihrer Nichte, den sie nach deren Tod adoptierte und mit dem sie viele glückliche Stunden bei der Erkundung der Gezeitentümpel nahe des Cottage verbrachte. Ihre Liebe zur Natur fand 1962 in ihrem Hauptwerk *Der stumme Frühling* Ausdruck, das sich gegen Pestizide wendet.

📍 Wer die friedliche Stimmung von Silverledges selbst erfahren will, kann das Cottage wochenweise mieten. Zur Insel gelangt man auf dem Highway 1 North über eine Drehbrücke. Die U.S. 1 North führt auch zu dem Naturschutzgebiet Rachel Carson National Wildlife Refuge.

„Man kann der Stadt keine Logik aufzwingen; die Menschen machen die Stadt, und es sind Menschen, nicht die Gebäude, auf die wir unsere Pläne ausrichten."

Washington Square Park
JANE JACOBS
Manhattan, New York City, USA

Backsteingebäude und Mietskasernen aus der Vorkriegszeit säumen die Straßen im historischen Greenwich Village in Manhattan, mit Toprestaurants, schicken Boutiquen und der größten Privatuniversität der Stadt. Hier lag im 20. Jahrhundert das Epizentrum der amerikanischen Gegenkultur, von den Malern des abstrakten Expressionismus über Kriegsgegner bis zu den Jazzlegenden, die im Village Vanguard oder anderen Clubs auftraten, in denen bis heute Liveshows stattfinden. Washington Square Park mit dem Triumphbogen ist das Herz des Viertels, eine urbane Oase und Treffpunkt für Studenten und Hunde, im Sommer spielen dort Pianisten.

Wenige Schritte entfernt von Washington Square liegt 555 Hudson St. In dem kleinen roten Reihenhaus lebte in den 1950er- und 1960er-Jahren die Schriftstellerin und Stadtaktivistin Jane Jacobs (1916–2006), und hier formulierte sie ihre Streitschrift *Tod und Leben großer amerikanischer Städte* mit neuen Ideen zur Stadtplanung. Für Jacobs war das Ideal einer Stadt nicht geordnet und reglementiert, sondern voller Menschen, quirlig und bunt, so wie ihr Village in Manhattan. Als der Stadtplaner Robert Moses den Bau der Stadtautobahn „Lower Manhattan Expressway" quer durch das Stadtviertel vorschlug, die auch Washington Square zerstört hätte, war Jacobs die Anführerin im Kampf um die Rettung ihres geliebten Village – mit Erfolg.

📍 Viele Städte der Welt bieten ihr zu Ehren am ersten Wochenende im Mai geführte Nachbarschaftsspaziergänge an, die „Jane's Walks".

© cmart7327 / Getty Images

Newington Green
MARY WOLLSTONECRAFT
London, England

Sie war erst 38 Jahre alt, als sie 1797 starb, wenige Tage nach der Geburt ihrer Tochter Mary Shelly, der späteren Autorin des Romans *Frankenstein*. Als spirituelle Begründerin der Frauenbewegung hinterließ Mary Wollstonecraft (1759–1797) jedoch ein reiches Vermächtnis. In ihrer Schrift *Zur Verteidigung der Frauenrechte* machte sie die geringere Bildung der Frauen für deren vermeintliche intellektuelle Unterlegenheit verantwortlich. Wollstonecraft, im Londoner East End geboren, erfuhr in ihrer frühen Kindheit Brutalität und weibliche Unterwürfigkeit. Vor dem Schlafzimmer ihrer Mutter liegend, beschützte sie diese vor dem Jähzorn des betrunkenen Vaters. Sie schrieb über die Französische Revolution, die sie live miterlebte, und gründete ein Mädcheninternat in Newington Green im Londoner Norden, wo sie sich mit den Radikalen und Andersdenkenden zusammentat. Die mutige, unkonventionelle Frau zog zwei uneheliche Kinder groß und schrieb über weibliche Sexualität und Lust. Eine Plakette an dem Schulgebäude in Newington Green gedenkt der Mutter des Feminismus ebenso wie ein monochrom gestaltetes Graffiti an der Außenwand der unweiten Unitarian Chapel. Die Künstlerin Maggi Hambling reklamiert dort eine Statue für Mary im Rahmen ihrer dauerhaften Kampagne für Frauenstatuen – als Gegengewicht zu den vielen Männerstatuen in London, die über 90 Prozent ausmachen.

Newington Green liegt auf der Grenze von Islington und Hackney, an der Londoner Buslinie 73.

La Casa de la Libertad
JUANA AZURDUY
Sucre, Bolivien

Die leidenschaftliche Freiheitskämpferin Juana Azurduy (1780–1862), Sprössling einer reichen Familie in der bolivianischen Region Chuquisaca (dem heutigen Sucre), rebellierte schon in jungen Jahren gegen die Konventionen und schloss sich der indigenen revolutionären Bewegung an. Im Kampf für die Unabhängigkeit Boliviens kommandierte Azurduy als Generalleutnant eine mehrere Tausend Mann starke Armee. Die Scharfschützin und fünffache Mutter verließ für die Geburt ihres vierten Kindes nur kurz das Schlachtfeld und besiegte nach ihrer Rückkehr die spanischen Konquistadoren. Sie sprach mehrere indigene Sprachen fließend. Azurduy starb in Armut und wurde in einem Massengrab beerdigt. Heute widmet die Casa de la Liberdad in Sucre der heldenhaften Anführerin einen Raum.

Sehr reizvoll ist ein Spaziergang oder Picknick im Parque Bolívar, dem größten Park in Sucre, der konstitutionellen Hauptstadt Boliviens.

Harriet Tubman Underground Railroad
National Historical Park

HARRIET TUBMAN

Maryland Eastern Shore, USA

Harriet Tubman (1822–1913) war die bekannteste „Zugführerin" von Underground Railroad, dem geheimen Fluchtnetzwerk für Sklaven, und eine der bedeutendsten Menschenrechtsaktivistinnen der USA. Tubman geleitete etwa 70 Sklaven in die Freiheit. Sie arbeitete als Krankenschwester und später als Spionin für die Unionstruppen im Bürgerkrieg. 1863 führte sie als erste Frau einen bewaffneten Angriff an. Bei dem Überfall auf die Plantagen am Combahee River gelang 750 Sklaven die Flucht. Tubman engagierte sich in der Frauenrechtsbewegung und errichtete ein Altenheim für Farbige. Ihre heldenhaften Taten sind bis heute inspirierend und das östliche Maryland ist eine Fundgrube an Erinnerungen. Hier wurde Tubman geboren, entfloh der Sklaverei und rettete vielen Menschen das Leben. Im Harriet Tubman Underground Railroad National Historical Park bei Church Creek erfährt man mehr über das Lebenswerk der mutigen Frau. Es ist der erste Halt auf dem Harriet Tubman Byway, der etwa 200 km langen Autotour zu 36 Orten im Zusammenhang mit Tubman und Underground Railroad.

📍 Der Historical Park ist nur zwei Fahrstunden von Washington, D.C., entfernt und lässt sich gut mit einem eintägigen Besuch im National Museum of African American History and Culture verbinden.

Reserva Biológica Opalaca
BERTA CÁCERES
Intibucá, Honduras

Berta Cáceres (1971–2016) stammte vom Volk der Lenca, der größten indigenen Volksgruppe in Honduras. Als junge Studentin wurde sie zur Aktivistin und Mitbegründerin einer Organisation zum Schutz der natürlichen Umwelt und der indigenen Völker, insbesondere der Lenca, die zunehmend durch den zerstörerischen Bergbau und Großbauprojekte bedroht waren und sind. 2006 führte Cáceres eine Kampagne gegen den Bau des Wasserkraftwerks Agua Zarca an, das Projekt eines honduranischen Unternehmens und eines chinesischen Dammbau-Giganten am Río Gualcarque. Der Fluss entspringt im Naturschutzgebiet Reserva Biológica Opalaca in Intibucá und ist bei den Lencas heilig. Der Damm würde nicht nur den Flusslauf behindern, sondern auch die indigene Bevölkerung entlang des Flusses von der Versorgung mit Wasser, Nahrung und Medizin abschneiden. Jahrelang kämpften Cáceres und ihre Mitstreiter mit Unterstützung einiger internationaler Organisationen, bis sie erfolgreich den Stillstand der Bauarbeiten erwirkten. Für ihren Einsatz für Mensch und Umwelt wurde Cáceres 2015 mit dem Goldman Environmental Prize ausgezeichnet. Doch sie lebte in Angst, insbesondere nach dem Putsch 2009 in Honduras. Wie andere Bürgerrechtler war auch sie andauernden Einschüchterungen durch das Militär und Todesdrohungen ausgesetzt. Im März 2016 wurde sie zu Hause ermordet. Cáceres hinterließ vier Kinder, einen Ehemann und das Vermächtnis einer starken Aktivistin.

📍 Das Reservat ist abgelegen und schwer zugänglich, am besten von Tegucigalpa im gemieteten Jeep – wenn die politische Lage es erlaubt.

„Mein Großvater sagte mir: Liebe zuerst dich selbst, dann verteile die Liebe."

Redfern
MUM SHIRL
Sydney, Australien

Die unermüdliche Aktivistin und Sozialarbeiterin Colleen Shirley Perry, alias Mum Shirl (1921–1998), war eine Aborigine vom Stamm der Wiradjuri. Sie lebte überwiegend in Redfern, dem nicht unproblematischen Aborigine-Viertel mitten in Sydney. Als einer ihrer Brüder im Gefängnis saß, begann sie, auch andere inhaftierte Aborigines zu besuchen, denn sie erkannte, wie sehr sie dadurch die Häftlinge unterstützen konnte. Wenn Vollzugsbeamte sie fragten, in welcher Beziehung sie zu einem Gefangenen stand, antwortete sie: „Ich bin seine Mama" – daher Mum Shirl. Mum Shirl spielte eine führende Rolle bei der Errichtung des Aboriginal Legal Service und Aboriginal Medical Service (Organisationen für juristische und medizinische Belange) und bei der „Zelt-Botschaft", die von protestierenden Aborigenes seit 1972 auf dem Rasen vor dem Old Parliament House in Canberra aufgebaut ist. Mum Shirl öffnete ihr Haus für alle Notleidenden und zog bis zu ihrem Lebensende über 60 Kinder groß. Die Gedenktafel ihr zu Ehren an der katholischen Kirche St Vincent de Paul in Redfern trägt die Worte: „Zur Würdigung des Lebens von Mum Shirl, der schwarzen Heiligen von Redfern, die allen, die darum baten, Hilfe und Trost schenkte."

💧 Wer Redfern besucht, sollte auch bei *107 Projects* vorbeischauen, der quirlig-kreativen Künstler-Community in 107 Redfern St.

Parliament Square

MILLICENT GARRETT FAWCETT

London, England

Ruhig und entschlossen wirkt der Blick von Millicent Garrett Fawcett (1847–1929), in Bronze gegossen, auf dem Londoner Parliament Square. Sie hält ein Transparent mit der Aufschrift „Courage calls to courage everywhere" – „Mut ruft überall Mut hervor". Unter den vielen Statuen politischer und intellektueller Schwergewichte wie Abraham Lincoln und Nelson Mandela ist Fawcett die einzige Frauengestalt. Mit ihrem unermüdlichen Engagement für das Frauenwahlrecht und ihrem herausragenden Organisationstalent verhalf sie der gewaltfrei agierenden Frauenrechtsbewegung (im Unterschied zu den radikal prostestierenden Suffragetten) zu neuem Elan. Ab 1897 trieb sie als Vorsitzende der demokratischen National Union of Women's Suffrage Societies die politische Unterstützung für die Gleichberechtigung im Stimmrecht voran.

Über den Parliament Square, ein touristischer und politischer Hotspot, schlendern tagtäglich Touristen auf der Suche nach dem perfekten Schnappschuss von Westminster Abbey oder Big Ben, doch auch Protestaktionen finden hier statt. Wie passend also, dass Fawcetts Statue ebenfalls zum Parlament hinüberblickt. Die britische Künstlerin und Turner-Preisträgerin Gillian Wearing fertigte das Standbild, das übrigens auch das erste auf diesem Platz ist, das eine Frau erschuf. Enthüllt wurde sie am 100. Jahrestag des „Representation of the People Act 1918", das einigen Frauen über 30 das Wahlrecht in Großbritannien einräumte. Heute machen junge Feministinnen gerne Selfies mit der Statue.

● Echten Fawcett-Fans sei geraten, nach ihrem Haus in 2 Gower St Ausschau zu halten. Es ist mit einer blauen Plakette gekennzeichnet.

„Nur wenn wir verstehen, können wir uns kümmern. Nur wenn wir uns kümmern, können wir helfen. Nur wenn wir helfen, können wir das Leben retten."

Gombe Stream National Park

JANE GOODALL

Gombe, Tansania

Kaum jemand hat uns stärker dazu bewogen, unsere Definition des Menschen noch einmal zu überdenken, wie Jane Goodall (geb. 1934). 1958 übertrug ihr Dr. Louis Leakey, obgleich sie nie studiert hatte, die Leitung zur Erforschung der Schimpansen im Gombe-Nationalpark in Tansania. Heute weiß man, dass er keine Bessere hätte wählen können als die tierliebende Jane aus London, die 1960, im Alter von erst 26 Jahren, mit ihrer Forschungsarbeit begann. Gombe ist klein, aber von einzigartiger biologischer Vielfalt. Die tiefen Täler, Grassavannen und Regenwälder sind nur mit Booten erreichbar. Anders als in der Tierforschung üblich, wahrte Jane Goodall keine körperliche und emotionale Distanz zu den Schimpansen, sondern gewann allmählich ihr Vertrauen und entwickelte eine enge Bindung. Goodalls Beobachtungen waren erstaunlich: Schimpansen stellen Werkzeuge her und gebrauchen sie, gehen auf die Jagd und führen sogar Kriege gegeneinander. Goodall entdeckte so viele Ähnlichkeiten zwischen Schimpansen und Menschen, dass Wissenschaftler den Unterschied zwischen dem Menschen und dem übrigen Tierreich neu bewerten mussten.

Ihre jahrzehntelange, wegweisende Schimpansenforschung machte Goodall ebenso berühmt wie ihr Einsatz als Naturschützerin. Früh erkannte sie die Bedrohung ihrer geliebten Schimpansen durch die Zerstörung der Lebensräume und den illegalen Tierhandel. Sie gründete das Jane-Goodall-Institut, das zu individuellem Engagement aufruft. In ihrem „Roots & Shoots"-Programm engagieren sich Kinder und Jugendliche für Tier- und Naturschutz. Bis heute ist die über 80-Jährige an etwa 300 Tagen im Jahr unterwegs, um das Naturbewusstsein der Menschen zu schärfen und Spenden zu sammeln.

📍 Sehenswert sind Janes frühere Schimpansen-Fütterungsstation, der Jane's Peak mit Aussichtspunkt und der Katakombe-Wasserfall.

Museo Manuela Sáenz
MANUELA SÁENZ
Quito, Ecuador

Manuela Sáenz (1797–1856), in Quito gebürtig, hatte sich 1817 mit einem reichen Engländer vermählt und 1822 wieder getrennt. Sie begann eine Liebesbeziehung mit dem politischen Anführer Simón Bolívar, die acht Jahre währte und sie zur Revolutionärin machte. Bolívar, in Südamerika als *El Libertador* (der Befreier) bekannt, war für Venezuela, Bolivien, Ecuador, Kolumbien, Peru und Panama der Anführer im Kampf um die Unabhängigkeit von Spanien, und Manuela Sáenz stand als seine Geliebte jahrelang eng an seiner Seite. Sie verhinderte 1828 in Bogotá ein Attentat auf Bolívar, verhalf ihm zur Flucht und übernahm eine führende Rolle im Kampf um Frauenrechte. Bolívar gab ihr den Beinamen „La Libertadora del Libertador" (die Befreierin des Befreiers). In Ecuador wie im übrigen Lateinamerika feiern die Menschen sie als Unabhängigkeitsheldin. Sáenz wird auf alten Gemälden oft in Männerkleidung reitend dargestellt – ein Bild, das feministische Gruppen gerne als Symbol wählen. In dem Kolonialgebäude in Ecuadors Hauptstadt Quito ist ihr zu Ehren ein Museum errichtet. Dort kann man die Liebesbriefe von Bolívar und Sáenz lesen.

📍 Das Museum liegt inmitten der Altstadt von Quito. Von hier lassen sich zu Fuß viele historische Sehenswürdigkeiten erreichen.

AKTIVISTINNEN

Ida B. Wells-Barnett House

IDA B. WELLS
Chicago, USA

Sie war Journalistin, Redakteurin, Aktivistin, Lehrerin und eine Pionierin in der US-amerikanischen Bürgerrechtsbewegung. Ida B. Wells (1862–1931) erhob Ende des 19. und Anfang des 20. Jahrhunderts laut ihre Stimme gegen Vorurteile, Hass und Ungleichheit. Als ein Freund von ihr zum Lynchopfer wurde, schrieb Wells einen scharfen Leitartikel in ihrer Zeitung *The Memphis Free Speech and Headlight*, was als erste Anti-Lynch-Kampagne gilt. Nach Morddrohungen verließ sie Memphis. Wells reiste durchs Land, spürte weitere Fälle von Lynchjustiz auf, hielt Vorträge und führte Lynchproteste an.

Daneben war sie aktive Verfechterin des Frauenwahlrechts. Sie gründete die National Association of Colored Women, die bis heute für die Rechte farbiger Frauen kämpft, und war Mitgründerin der afroamerikanischen Bürgerrechtsorganisation NAACP. Als entschiedene Gegnerin von Rassentrennung bewirkte sie eine wichtige Änderung im Chicagoer Schulsystem und kandidierte für den Senat von Illinois. Ihr Haus in Chicago, 3624 S Dr Martin Luther King Jr Drive, ist Wahrzeichen der Stadt. Es kann nicht besichtigt werden, doch eine Infotafel erinnert an Wells großartiges Lebenswerk.

📍 Wer mehr über ihr Leben erfahren möchte, sollte auf jeden Fall das Ida B. Wells-Barnett Museum in ihrer Heimatstadt Holly Springs in Mississippi besuchen. Auf dem Gelände des Museums wurde Ida B. Wells geboren.

Parque Nacional Pumalín Douglas Tompkins
KRISTINE TOMPKINS
Chaitén, Chile

Es war die größte Landschenkung der Geschichte, als Kristine Tompkins (geb. 1950) und ihre Stiftung 2019 die zwei Nationalparks Pumalín und Patagonia offiziell dem chilenischen Staat vermachte. Die heutige UN-Schirmherrin für Schutzgebiete, frühere Chefin des Outdoor-Ausrüsters Patagonia, ist Naturschützerin und Öko-Philanthropin wie keine zweite. Mit ihrem Mann Doug Tompkins, der 2015 bei einem Kajakunfall tragisch verunglückte, startete sie 1991 ihr Pumalín-Projekt. Das Ehepaar aus Kalifornien erstand das 17 000 ha große Farmgelände Reñihué, um den unberührten gemäßigten Regenwald vor der Abholzung zu bewahren.

Sie kauften immer mehr Land dazu. Heute reicht der 402 000 Hektar große Pumalín-Park von den Anden bis zu den Fjorden der Pazifikküste, mit Vulkanen, Wasserfällen und einzigartiger endemischer Tier- und Pflanzenwelt, darunter jahrhundertealte

Patagonische Zypressen (Alerces). Der Nationalpark in Nordpatagonien, am nördlichen Ende der Carretera Austral, ist ein begehrter Halt für Liebhaber der unberührten Natur. Parque Pumalín Douglas Tompkins und Parque Patagonia, das zweite Großprojekt, sind die Kronjuwelen der chilenischen Nationalparks und Höhepunkte auf der über 2 700 km langen „Route of Parks". Die Schutzgebiete, die Kristine und Doug Tompkins mit so viel Herzblut errichtet haben, sind für jeden zugänglich.

„Wir haben jetzt einen moralischen Imperativ angesichts des Klimawandels - angesichts dessen, was wir alles wissen: Wir müssen aufstehen, wirklich Gas geben und für diese Orte kämpfen, die wir lieben. Wir können nicht darauf warten, dass es ein anderer tut."

Mit geführten Trekkingtouren kann man zu den Gletschern und einen aktiven Vulkan hinaufsteigen.

Museo del Templo Mayor

RIGOBERTA MENCHÚ

Mexiko-Stadt, Mexiko

Die Menschenrechtsaktivistin Rigoberta Menchú (geb. 1959) erhielt 1992 den Friedensnobelpreis. Sie brachte die Medaille aber nicht in ihre Heimat, sondern vertraute sie der Regierung Mexikos an. Seither ist sie im Museum des aztekischen Templo Mayor in Mexiko-Stadt ausgestellt. Die Friedensmedaille, so Menchú, hält dort so lange Mahnwache, bis sich die Menschenrechtslage in Guatemala verbessert.

Dies war eine deutliche Botschaft Menchús an ihr Land und ein Zeichen ihrer Entschlossenheit, mit der sie für verbesserte Lebensbedingungen der indigenen Bevölkerung eintritt. Menchú wurde als Maya vom Volk der Quiché in eine bitterarme Familie geboren. Schon als kleines Mädchen lernte sie, was soziales Engagement bedeutete, wenn sie ihren Vater zu den Gemeinschaften der Maya begleitete, der diese über ihre Rechte aufklärte. Später setzte sich Menchú für die Frauenrechte ein. Während des langen guatemaltekischen Bürgerkriegs organisierte sie Proteste gegen die Menschenrechtsverletzungen

durch das Militär. Man warf ihr und ihrer Familie Guerillatätigkeit vor, ihr Bruder und ihre Mutter gerieten in die Hände des Militärs, wurden gefoltert und ermordet, Menchú floh nach Mexiko.

Von ihrer Exilheimat organisierte sie den indigenen Widerstand in Guatemala und forderte nach dem Ende des Bürgerkriegs Gerechtigkeit. Ihren Anstrengungen ist es zu verdanken, dass sieben Mitglieder des guatemaltekischen Militärregimes wegen Völkermord an die spanische Justiz ausgeliefert wurden. Menchú ist UNESCO-Sonderbotschafterin und gründete die Nobel Women's Initiative mit fünf weiteren Friedensnobelpreisträgerinnen - diese stehen für Nordamerika, Südamerika, Europa, den Nahen Osten und Afrika. Trotz Morddrohungen, sobald sie in ihr Land zurückkehren will, kandidierte sie 2007 und 2011 als Präsidentin für Guatemala.

📍 Der Templo Mayor liegt im historischen Zentrum von Mexiko-Stadt. Von hier sind es nur wenige Schritte zu dem zentralen Platz Zócalo.

IN HER FOOTSTEPS

Auckland Harbour Bridge
WHINA COOPER
Auckland, Neuseeland

Als Dame Whina Cooper (1895–1994) für ihren Einsatz für die Māori mit dem britischen Ritterorden geadelt wurde, sagte sie: „Diesen Orden trage ich, um zu zeigen: Wenn jemand so weit kommt, dann schaffen wir es alle ... Ich kam vom Teebaum, von der Nikau-Hütte, vom Land." Der berühmteste Moment ihres Lebens war, als Cooper 1975 im Alter von fast 80 Jahren den Māori-Landmarsch anführte, 1 000 Kilometer weit von Te Hapua bis zur neuseeländischen Hauptstadt Wellington. Dieser *hīkoi* (Protestmarsch), mit dem die Māori die Einhaltung ihrer Landrechte aus dem Waitangi-Vertrag einforderten, führte über die Auckland Harbour Bridge. *Te Whaea o te Motu*, die Mutter der Nation, wie Whina Cooper wegen ihres unermüdlichen Einsatzes genannt wurde, starb im Alter von 98 Jahren, nachdem sie sechs Jahrzehnte lang die Führungsrolle in ihrer Māori-Gemeinschaft übernommen hatte.

💧 Wer sich traut, kann auf der Auckland Harbour Bridge protestloses Brückenklettern und Bungee-Jumping ausprobieren.

Roseland Theatre
VIOLA DESMOND
New Glasgow, Kanada

Viola Desmond (1914–1965) aus Halifax, Gründerin und Leiterin ihrer eigenen Kosmetikschule, sorgte 1946 dafür, dass die Bürgerrechtsforderungen in Kanada in den Fokus rückten, als sie wegen einer Autopanne in New Glasgow spontan beschloss, ins Kino zu gehen, und sich im Roseland Theatre auf einen Platz „nur für Weiße" setzte. Trotz Verweis weigerte sie sich, auf den Balkon für Schwarze umzuziehen. Offiziell gab es zwar in Kanada keine Gesetze der Rassentrennung, doch vielerorts, auch im Roseland, praktizierte man sie. Mit ihrem Akt zivilen Ungehorsams wurde Viola Desmond zum Katalysator der kanadischen Bürgerrechtsbewegung.

💧 In Anerkennung ihrer Vorreiterrolle ist Viola Desmond seit 2018 als erste Frau auf einer kanadischen Zehndollarnote abgebildet.

María Orosa Avenue
MARÍA OROSA
Manila, Philippinen

Sie war ein pharmazeutisches Genie und eine humanitäre Heldin gleichermaßen. Zeit ihres Lebens widmete sich María Orosa (1893–1945) der Rettung von Frauen und Familien aus der Armut. Anfang des 20. Jahrhunderts reiste sie als blinde Passagierin auf dem Schiff in die USA und machte an der Universität von Washington ihren Bachelor- und Masterabschluss in pharmazeutischer Chemie. Ihre wissenschaftlichen Kenntnisse bildeten die Grundlage für ihr künftiges Engagement im Bereich der Ernährung. In den 1920er-Jahren kehrte sie in die Philippinen zurück und initiierte eine landesweite Kampagne zur Verbesserung der Lebensbedingungen von Frauen in den Elendsvierteln. Sie unterrichtete sie in Ernährungsplanung, Lebensmittelkonservierung und Geflügelzucht. Der von ihr erfundene Tontopf-Ofen kam ohne Strom oder Gas aus.

Im Zweiten Weltkrieg stand sie auf der Seite der Guerilla und rettete Tausende Häftlinge vor dem Hungertod, indem sie ein von ihr erfundenes Pulver aus Sojabohnen (heute die Basis von Soyalac) in japanische Gefangenenlager schmuggelte. Sie wollte das Kriegsgebiet nicht verlassen und starb in Manila durch eine Granate. Neben ihrer humanitären Arbeit hatte Orosa die philippinische Spezialität „Bananenketchup" kreiert, als es kaum Tomaten, aber viele billige Bananen gab. Auch war die innovationsfreudige Orosa eine Pionierin auf dem Gebiet, Wein aus Cashewfrüchten und Guave herzustellen, oder auch Stärkemehl aus Bananen und Maniok.

Die nach María Orosa benannte Hauptverkehrsstraße in Manila (Bild unten) endet am Stadtpark Jose Rizal.

Strand von İztuzu
JUNE HAIMOFF
Dalyan, Türkei

Besucher aus ganz Europa kommen in das frühere Bauerndorf Dalyan an der Mittelmeerküste, heute ein typischer Touristenort, wegen seiner schönen Strände und der antiken Akropolis von Kaunos. Auch die Britin June Haimoff (geb. 1922) ging 1975 hier mit ihrem Boot vor Anker und baute sich am „Schildkrötenstrand" von İztuzu eine *baraka* (Strandhütte).

Schildkröten spielen nicht nur im Leben von June Haimoff, die von allen Kaptan, Kapitänin, genannt wird, eine große Rolle. Auch auf dem zentralen Platz von Dalyan steht eine Schildkrötenstatue, denn İztuzu ist ein bedeutender Brutplatz im Mittelmeer für die vom Aussterben bedrohte *Caretta caretta*, die Unechte Karettschildkröte. Schon bald kämpfte Haimoff an der Seite von Umweltschützern dafür, das Bauprojekt einer 1800-Betten-Hotelburg in der Bucht zu vereiteln, und gründete eine Stiftung zum Schutz der Meeresschildkröten. 2011 erhielt Kaptan

June im Alter von 89 Jahren den britischen Ritterorden für ihren großartigen Einsatz, der Dalyan zu einem wichtigen Schutzgebiet für die Unechte Karettschildkröte werden ließ. Ihre Stiftung kümmert sich u. a. um einen lokal produzierten Propellerschutz für Ausflugsboote und fordert den Stopp von Bootstouren, die zur Belustigung der Touristen die Meeresriesen mit Krebsen oder Hühnern anfüttern. Kritisch ist auch die Zerstörung der Lebensräume durch den Bau von Dämmen und die weitere touristische Erschließung der Mittelmeerküste.

Inzwischen markiert eine Reihe von Holzpfählen die Brutstätten am Strand und nächtliche Strandbesuche sind während der Brutzeit im Sommer verboten. In dem Zentrum für die Erforschung, Rettung und Rehabilitation für Meeresschildkröten kann man sehen, wie verletzte Unechte Karettschildkröten und Grüne Meeresschildkröten versorgt werden, bevor sie ins Meer zurückkehren.

🔴 Der Strand von İztuzu liegt 13 km südlich von Dalyan und wird im Sommer regelmäßig von Kleinbussen angefahren.

Central Park Mall
SOJOURNER TRUTH
Manhattan, New York City, USA

Ihr Leben begann unter dem Namen Isabella als Sklavin bei niederländischen Farmern in Ulster County, New York. Dort musste Sojourner Truth (1797–1883) grausame Misshandlungen erleiden. Isabella suchte Trost in den Wäldern und begann, Gespräche mit Gott zu führen. Auf diese Weise gestählt, gelang ihr 1826 die Flucht in die Freiheit. Fortan verbrachte sie ihr Leben als Abolitionistin und Frauenrechtlerin.

1828 zog sie nach New York City. Als Predigerin der Pfingstgemeinde reiste sie durchs Land und machte sich für die Rechte der Afroamerikaner und Frauen stark. Den Namen Sojourner Truth nahm sie 1843 an. Truth wurde zu einer der kraftvollsten Stimmen des 19. Jahrhunderts im Kampf für die Menschenrechte. Sie stritt für die Abschaffung der Sklaverei und forderte, dass den befreiten Sklaven Land gegeben wurde. Ihre berühmteste Rede *Ain't I a Woman?* (Bin ich denn keine Frau?) wurde zum Schlachtruf einer Bewegung. Ihre zunehmende Rolle in der Frauenwahlrechtsbewegung brachte Truth in Kontakt mit Elizabeth Cady Stanton und Susan B. Anthony. Diesen drei Frauenrechtlerinnen wird an der Mall im Central Park mit einer Statue gedacht.

2020 wird an der Mall im Central Park (unten im Bild) die Statue enthüllt – 100 Jahre nachdem Frauen in den USA das Wahlrecht errangen.

Gowalia Tank Maidan
ARUNA ASAF ALI
Mumbai, Indien

8. August 1942: Im Kampf um die Unabhängigkeit von den Briten brodelte die Stimmung, als Zehntausende Menschen im zentralen Park Gowalia Tank Maidan in Bombay (heute Mumbai) die Rede von Jawaharlal Nehru verfolgten, dem späteren ersten Ministerpräsidenten Indiens. Auch erwartete man Gandhis Auftritt. Kurz darauf wurden die Redner verhaftet, als sich Aruna Asaf Ali (1909–1996) unerschrocken den Weg zur Bühne bahnte und die indische Flagge vor der aufgebrachten Menge schwenkte. „Kaum hatte ich die Flagge entrollt, feuerte die Polizei mit Tränengas in die Menge", erinnerte sich Ali. Acht Menschen kam ums Leben. 1958 wurde die Freiheitskämpferin zur ersten Bürgermeisterin von Delhi gewählt. In dem Park, der mittlerweile August Kranti Maidan heißt, erinnert eine rosa Lotosblüte auf einer Säule an jenen dramatischen Tag.

Abgeordnetenhaus
ELVIA CARRILLO PUERTO
Mexiko-Stadt, Mexiko

Eine feministische Pionierin war die 1878 in Yucatán geborene Elvia Carrillo Puerto (gest. 1968). Die „Rote Nonne", La Monja Roja, wie sie genannt wurde, heiratete mit 13 Jahren und war mit Anfang zwanzig verwitwet. 1912 gründete sie das erste feministische Bündnis in Mexiko. Ein Jahrzehnt später wurde Carrillo mit zwei weiteren Frauen als Abgeordnete in den Kongress gewählt. Acht Mal wurde im Wahlkampf auf sie geschossen und das Abgeordnetenhaus verweigerte ihr den Sitz. Doch im Kampf für die Rechte der Frauen ließ sich Carrillo nicht beirren. Dass 1953 in Mexiko den Frauen das Wahlrecht zugestanden wurde, ist auch ihr zu verdanken.

🌐 Der Park ist keine zehn Minuten zu Fuß von der Kreuzung Kemps Corner entfernt. Man erreicht ihn mit dem Stadtbus oder Taxi. Grant Road ist der nächstgelegene Bahnhof.

🌐 Man sollte sich unbedingt ein paar der leckeren Tacos genehmigen, die in den Fußgängerzonen im unweiten Stadtzentrum an den Straßenständen angeboten werden.

Haus und Museum Hermanas Mirabal
SCHWESTERN MIRABAL
Salcedo, Dominikanische Republik

Vier Töchter wurden in der Dominikanischen Republik von 1924 bis 1935 in die Familie Mirabal geboren: Patria, Dedé, Minerva und Maria Teresa. Als junge Frauen wurden sie Teil der Widerstandsbewegung gegen Rafael Trujillo, *El Jefe* (der Boss), und das über dreißig Jahre dauernde, brutale Militärregime des Diktators. Während Dedé sich auf Wunsch ihres Ehemanns vom Widerstand fernhielt, waren Minerva, Maria Teresa und Patria aktiv in der Bewegung engagiert. Sie gründeten die Gruppe „Vierzehnter Juni", deren Name auf eines der blutigsten Massaker Trujillos anspielte.

Las Mariposas (die Schmetterlinge), wie sich die drei Schwestern selbst nannten, verteilten Informationen über die Opfer des Regimes und nahmen Waffen und Bomben für Protestaktionen entgegen. An der Seite ihrer Ehemänner, die ebenfalls der Bewegung angehörten, wurden die drei Schwestern schließlich festgenommen und ins Gefängnis geworfen. Als die Kritik an Trujillos Diktatur weltweit wuchs, ließ man die Frauen frei, nicht aber ihre Männer. Am 25. November 1960 besuchten die Schwestern in Begleitung ihres Fahrers ihre Männer im Gefängnis. Auf dem Heimweg lauerte ihnen ein Gefolgsmann Trujillos auf und ermordete alle drei.

Als einzige Überlebende erzählte Dedé fortan die Geschichte von ihren Schwestern und deren Kampf für Demokratie. In der Leichenhalle schnitt Dedé Maria Teresas langen Haarzopf ab. Dieser ist heute eines der zahlreichen ehrwürdigen Exponate im Haus der Familie Mirabal in Conuco, in dem Alltagsgegenstände der Schwestern ausgestellt sind. Gezeigt werden auch Objekte von dem Tag ihrer Ermordung, etwa die Schuhe, die sie damals trugen, und die Handtaschen, die sie dabei hatten. Genau vierzig Jahre nach ihrer Ermordung wurden die sterblichen Überreste der drei Schwestern in eine Grabstätte auf dem Museumsgelände umgebettet.

📍 Das Museum liegt wenige Fahrminuten östlich von Salcedo.

José Maria Sert Plaza
CLARA CAMPOAMOR
San Sebastián, Spanien

Die Spanier wählten sie 1931 in ihr Parlament, obwohl Frauen noch gar nicht selber wählen durften. Clara Campoamor (1888–1972) stammte aus einfachen Verhältnissen. Als junges Mädchen arbeitete sie als Näherin, bevor sie sich ganz dem Kampf um mehr Rechte für Frauen verschrieb. Selbst die linke Partei, der sie angehörte, war gegen das Frauenwahlrecht, bis sie in ihrer flammenden Rede vor dem Verfassungsausschuss eine Mehrheit davon überzeugte, für die Verankerung des aktiven Frauenwahlrechts in der neuen Verfassung zu stimmen. Unter Franco floh sie ins Exil und trat dort bis an ihr Lebensende für ihre Überzeugungen ein. Viele Städte, von Madrid bis Sevilla, zeigen Skulpturen von ihr.

➡ In San Sebastián, wo Campoamor zeitweilig lebte, liegt auch ihre Asche begraben, seit sie auf den Friedhof Polloe überführt wurde.

Karanambu Ranch
DIANE McTURK
Nord-Rupununi, Guyana

Diane McTurk (1932–2016) wurde in Guyana geboren und ging in England zur Schule. Später übernahm sie die Rinderfarm ihrer Familie in der guyanischen Savanne und verwandelte sie in den 1970er-Jahren in ein Zentrum zum Schutz von verwaisten Riesenottern und für Ökotourismus. Ihre Arbeit inspirierte andere Menschen in der Region, in der heute viele umweltorientierte Unternehmen ansässig sind. Ihre lebensfrohe und herzliche Art, die so wunderbar zu ihren Otterwelpen im Fluss Rupununi passte, machte McTurk überall beliebt. Die Tierfreundin blieb sich immer treu, folgte ihrem Herzen und blieb bis zu ihrem Tod um die Erhaltung ihrer Schützlinge, der Riesenottern, bemüht.

⬅ Unbedingt ein Fernglas mitbringen. Außer Riesenottern (Bild links) gibt es in der Umgebung der Ranch über 600 Vogelarten.

Ivy Green
HELEN KELLER
Tuscumbia, USA

An einem Brunnen hatte Helen Keller (1880–1968), die nach einer Krankheit als Kleinkind erblindet und taubstumm war, ein Schlüsselerlebnis. Ihre neue Lehrerin Anne Sullivan versuchte, ihr das Fingeralphabet beizubringen, und zeichnete Buchstaben auf ihre Handfläche. Doch die sechsjährige Helen konnte die Berührungen und ihre Bedeutung nicht zusammenbringen. An jenem Tag ließ Sullivan an der Brunnenpumpe Wasser über die Hand ihrer Schülerin laufen, während sie dabei das englische Wort w-a-t-e-r in deren andere Handfläche schrieb.

„Da wusste ich, dass w-a-t-e-r das wundervolle kühle Etwas bedeutete, das eben über meine Hand strömte", notierte Keller in ihrer Autobiografie. Keller machte ihren Bachelor am Radcliff College (USA) und wurde durch ihre weltweiten Vorträge über das Leben mit einer Behinderung bekannt. Als leidenschaftliche Sozialistin engagierte sie sich für die Friedensbewegung, Geburtenkontrolle und Frauenrechte, 1920 war sie Mitbegründerin der ACLU (Amerikanischen Bürgerrechtsunion). Anne Sullivan blieb ein Leben lang an Kellers Seite.

Am weißen Holzhaus in Ivy Green, dem Ort ihrer Kindheit, ist die Wasserpumpe zu sehen, die Helen Keller einst die Tür zur Welt öffnete. Das Helen Keller Festival Ende Juni ist rege besucht und im Sommer wird das Stück *The Miracle Worker* aufgeführt, das ihr Leben mit Sullivan schildert.

Ivy Green liegt in Tuscumbia, Alabama, etwa auf halber Strecke zwischen Birmingham und Nashville.

Chinese Historical Society of America
MARY TAPE
San Francisco, USA

Mary Tape (1857–1934) immigrierte 1868 in die USA, heiratete und gründete in San Francisco eine Familie. Bekannt wurde sie durch den Fall „Tape v. Hurley". Darin erstritt Tape 1885 für ihre Tochter vor Gericht ein Grundsatzurteil für das Ende der Rassentrennung an Schulen in Kalifornien, damit auch Chinesen in den USA öffentliche Schulen besuchen durften. Das Museum zeigt das harte Leben chinesischer Einwanderer zu Zeiten des Goldrausches und transkontinentalen Eisenbahnbaus in den USA und gewährt Einblicke in ihre Geschichte. Dazu gehört das Gesetz „Chinese Exclusion Act", das Chinesen 1882 bis 1943 die US-Staatsbürgerschaft verwehrte.

⬅ Die „Chinese Historical Society" befindet sich in einem markanten Gebäude, das 1932 für das YWCA in Chinatown gebaut wurde.

Place de la Concorde
OLYMPE DE GOUGES
Paris, Frankreich

Die französische Schriftstellerin und politische Aktivistin Olympe de Gouges (1748–1793) lebte zur Zeit der Französischen Revolution. In ihren Werken drängte sie auf soziale Veränderungen, besonders auf mehr Rechte für Frauen und Kinder sowie auf die Abschaffung der Sklaverei. 1791 verfasste sie ihr radikales Manifest *Die Erklärung der Rechte der Frau und Bürgerin* als Appell für die Gleichstellung der Geschlechter. Ihr Aufruf zu zivilem Ungehorsam gegenüber ungerechten Gesetzen wurde später bei Philosophen und Bürgerrechtlern wie Thoreau, Gandhi und Martin Luther King Jr. zur gängigen Haltung. Für ihr freiheitliches Denken wurde sie auf der Place de la Concorde in Paris öffentlich guillotiniert.

➡ Auch Marie Antoinette wurde auf diesem Platz hingerichtet. In jener Zeit trug er den Namen Place de la Revolution.

Rosa-Luxemburg-Denkmal
ROSA LUXEMBURG
Berlin, Deutschland

„Freiheit ist immer Freiheit der Andersdenkenden."

Die Geräusche aus dem Berliner Zoo mischen sich mit dem Keuchen der Jogger, wenn man sich dem Denkmal aus Stahl und Bronze nähert. Da steht der Name R-O-S-A L-U-X-E-M-B-U-R-G in Versalien, so schräg, als würden sie jeden Moment in den Landwehrkanal rutschen. Jedes Jahr erweisen hier die Menschen am 15. Januar der blitzgescheiten und freimütigen Antikriegsaktivistin die Ehre, einer Schlüsselfigur im revolutionären Sozialismus.

Hier wurde an jenem Wintertag im Jahr 1919 Rosa Luxemburg (1871–1919) von deutschen paramilitärischen Freikorps erschossen und ihre Leiche in den Landwehrkanal geworfen. Grausam gestoppt wurde ihr kühner Versuch, so kurz nach dem Untergang der deutschen Monarchie eine sozialistische Republik auszurufen. Ein staatlich sanktionierter Mord setzte dem kurzen, mutigen Leben dieser Vorkämpferin der Arbeiterbewegung ein brutales Ende. Ihr Aufstieg zur damals männlich dominierten Welt der Politik ist bis heute für radikale Linke, Freidenker und Aktivisten ein Vorbild. Luxemburgs Flamme war erloschen, ihr Traum aber lebt weiter.

● Unmittelbar am Landwehrkanal liegt der Zoologische Garten Berlin, der gleich drei Rekorde hält: Er ist der älteste (seit 1844), der artenreichste und der besucherstärkste Zoo Deutschlands.

César E Chávez National Monument
DOLORES HUERTA
Bakersfield, USA

Sie ist eine der einflussreichsten Bürgerrechts- und Gewerkschaftsaktivistinnen des 20. Jahrhunderts. Dolores Huerta (geb. 1930) gründete mit César Chávez die Landarbeitergewerkschaft (UFW). Zunächst war sie Lehrerin, bevor sie als Lobbyistin aktiv wurde, um Staatshilfen für nichtamerikanische Wanderarbeiter durchzusetzen. Sie organisierte Kampagnen zur Wählerregistrierung und setzte spanischsprachige Führerscheinprüfungen und Wahlzettel durch. Mit Chávez und Gilbert Padilla organisierte sie 1956 den landesweiten Traubenboykott in Delano. Der charismatische Anführer Chávez und die knallharte Verhandlerin Huerta konnten alle der über 5 000 Landarbeiter zum Streiken mobilisieren, wobei Huerta die Gespräche führte. Die andauernden Traubenboykotte der späten 1960er-Jahre mündeten in eine historische Vereinbarung zwischen Arbeitern und 26 Weinbauern, was die Arbeitsbedingungen stark verbesserte. Huerta setzte eine medizinische Versorgung der Landarbeiter durch, Arbeitslosengeld und den verminderten Einsatz giftiger Pestizide.

In den 1970er-Jahren koordinierte Huerta den landesweiten Salatboykott und 1973 einen weiteren Traubenboykott. Durch ihre Mitwirkung wurde 1975 mit dem Agricultural Labor Relations Act ein Gesetz verabschiedet, das Landarbeitern u. a. das Recht auf eine Gewerkschaft gewährt. Heute leitet Huerta ihre eigene Stiftung, in der sie andere im Kampf um soziale Gerechtigkeit unterstützt. Mit dem César E. Chávez National Monument im kalifornischen Central Valley wird Huertas einstiger Kamerad geehrt. Es gewährt einen kurzen, präzisen Einblick in ihren Einsatz für die Arbeiterbewegung in den USA.

Dolores Huerta wurde übrigens 2013 in die Hall of Fame im California Museum aufgenommen. Das Museum ist in Sacramento.

Christ-Erlöser-Kathedrale

PUSSY RIOT

Moskau, Russland

Die im August 2011 gegründete feministische Punk-rock-Band Pussy Riot wurde durch ihren Protestauftritt am 21. Februar 2012 mit einem Punk-Gebet in der Moskauer Erlöserkathedrale auf einen Schlag berühmt. Mit Sturmhauben über die Köpfe gezogen, flehten Nadeschda Tolokonnikowa, Marija Aljochina, Jekaterina Samuzewitsch und zwei weitere Bandmitglieder in ihren Songtexten zu der Jungfrau Maria, die sie „von Putin erlösen" sollte, und machten explizite Anspielungen auf die mutmaßliche enge Verbindung zwischen russisch-orthodoxen Priestern und dem KGB seit dem Sturz des Kommunismus. Die Wahl der Erlöserkathedrale unmittelbar am Kreml war für Pussy Riot ein Guerilla-Schachzug, den einige als blasphemisch kritisierten. Drei Bandmitglieder wurden wegen Störung der öffentlichen Ordnung zu Gefängnisstrafen verurteilt, darunter zwei junge Mütter, die man gezielt weit entfernt von ihren Familien inhaftierte.

Die Pussy-Riot-Mitglieder treten heute nach wie vor in Aktion, in ihrer Heimat und im Ausland. 2018 stürmten sie beim Fußball-WM-Finale als Protest gegen die Menschenrechtsverletzungen in Russland das Spielfeld. Trotz Verfolgungen – ein Teilnehmer an der WM-Aktion kam mit Vergiftungssymptomen ins Krankenhaus – konnten ihre Forderungen nach mehr politischer Freiheit bislang nicht zum Schweigen gebracht werden.

Die Christ-Erlöser-Kathedrale mit ihren goldenen Kuppeln, 1997 wiedererrichtet, kann täglich zwischen 10 und 18 Uhr besichtigt werden.

Robben Island Museum

WINNIE MANDELA

Kapstadt, Südafrika

Winnie Madikizela (1936–2018) heiratete 1958 Nelson Mandela. Das Paar bekam zwei Töchter, bevor Nelson verhaftet und auf der Gefängnisinsel Robben Island vor Kapstadt, die vormals ein Lager für Leprakranke war, eingesperrt wurde. Jahrzehntelang war Winnie, von Beruf Sozialarbeiterin, in vielfacher Hinsicht das Sprachrohr ihres Mannes im Kampf der Schwarzen gegen die Apartheid in Südafrika. Fast 20 Jahre lang besuchte Winnie ihren Mann etwa alle sechs Monate auf Robben Island, was stets einen enormen Aufwand bedeutete: Sie musste eine Reisegenehmigung beantragen, sich bei der Polizei melden, von Johannesburg nach Kapstadt reisen und mit der Fähre übersetzen.

Winnie beschrieb Robben Island als kalt und brutal. Mit dem inhaftierten Nelson durfte sie nur über ihre Familie und Kinder sprechen, alles andere war verboten. Meist überwachten sechs Beamte die Gespräche der Mandelas und unterbrachen das Paar, wenn sie nicht verstanden, um was es im Gespräch ging, oder beendeten die Besuchszeit. Nach den Gefängnisregeln durfte Nelson von seinen Kindern unter 16 Jahren nicht besucht werden. Heute ist Robben Island ein UNESCO-Weltkulturerbe, das Gefängnis dient als Museum. Später folgte die Scheidung der Mandelas und Winnie schlug entschlossen ihren eigenen Weg ein, der mitunter sehr umstritten war. Mit derselben Stärke und Unverblümtheit, mit der sie während der langen Haftzeit ihres Mannes den Kampf gegen die Apartheid vorangetrieben hatte, setzte sie ihre spätere Karriere als Abgeordnete im südafrikanischen Parlament fort.

● Das Robben Island Museum (Bild oben) erreicht man mit der Fähre ab dem Nelson Mandela Gateway an der V&A Waterfront in Kapstadt.

Workhouse Arts Center
LUCY BURNS
Lorton, USA

Es gibt eine Amerikanerin, die mehr Zeit im Gefängnis verbrachte als jede andere Suffragette. Die Rede ist von der knallharten Frauenrechtlerin Lucy Burns (1879–1966), deren Geschichte das Lucy Burns Museum im Occoquan Workhouse erzählt. Hier durchstanden Burns und ihre Mitstreiterinnen die „Night of Terror", sie wurden brutal geschlagen und in Zellen gesperrt. An Burns statuierten die Wärter ein Exempel. Mit Handschellen über dem Kopf angekettet, verbrachte sie die Nacht in der kalten Zelle, nur mit einem Slip bekleidet. Burns erinnert uns, dass es schlichtweg falsch ist zu sagen, den amerikanischen Frauen wäre das Stimmrecht „gegeben" worden. Aktivistinnen wie Burns haben es sich gegen große Widerstände bitter erstritten.

➡ Das Workhouse Arts Center in Virginia südlich von Washington, D.C., ist Künstleratelier und Gedenkstätte für Strafvollzug zugleich.

Savitribai Phule Pune University
SAVITRIBAI PHULE
Pune, Indien

Savitribai Phule (1831–1897) war Vertreterin des „intersektionalen Feminismus", lange bevor es den Begriff gab. Mit ihrer Freundin, der Muslimin Fatime Begum Sheikh, gründete sie 1849 eine Schule für Kinder aus den niedrigsten Kasten Indiens. In Bhidewande errichteten Savitribai und ihr Ehemann Jyotiba Phule, den sie mit neun Jahren geheiratet hatte, eine Mädchenschule. Phule war die erste Frau in Indien, die den Lehrerberuf ausübte, und scharfe Kritikerin von Kinderheirat und repressiven Ritualen im Kastenwesen. Ihr letztes großes Werk war die Eröffnung einer Klinik für an Beulenpest Erkrankte, bevor auch sie an dieser Krankheit starb.

⬅ 2014 wurde die Universität von Pune nach ihr benannt.

Shangla Village School
MALALA YOUSAFZAI
Swat-Tal, Pakistan

Die Aktivistin und Autorin Malala Yousafzai (geb. 1997), mit 17 Jahren bislang jüngste Preisträgerin des Friedensnobelpreises, überlebte einen Mordversuch der Taliban im Schulbus und kam zur medizinischen Behandlung ins englische Birmingham, wo sie seither lebt. Der Anschlag nahm ihr nicht den Mut, sondern verlieh ihr umso mehr Kraft, sich für die Rechte von Mädchen auf faire Bildung einzusetzen. Malalas beispielhafter Ehrgeiz ermöglichte ihr die Aufnahme an der Oxford University. Mit ihrer Stiftung Malala Fund unterstützt die Kinderrechtsaktivistin die schulische Ausbildung von Mädchen. 2018 eröffnete sie eine neue Mädchenschule im Dorf Shangla unweit ihres Heimatortes im pakistanischen Swat-Tal, den sie allerdings nur mit bewaffnetem Begleitschutz besuchen konnte. Angesichts der über 30 Millionen Mädchen weltweit, die laut UNICEF nicht einmal Zugang zur Grundschule haben, zählt jede neue Schule. Malala ist der leibhafte Beleg für ihr berühmtes Zitat: „Ein Kind, ein Lehrer, ein Buch, ein Stift können die Welt verändern."

Malala wurde die Ehre zuteil, 2018 die Rede zur Eröffnung der neuen Stadtbibliothek am Centenary Square in Birmingham zu halten.

Women's Rights National Historical Park

ELIZABETH CADY STANTON

Seneca Falls, USA

Die auf Frauen umgemünzte amerikanische Unabhängigkeitserklärung, präsentiert 1848 bei der Seneca Falls Convention, der ersten Frauenrechtskonferenz der US-Geschichte, entsprang zum Großteil der Feder von Elizabeth Cady Stanton (1815–1902). Stanton zog sieben Kinder groß, während sie landesweit für mehr Frauenrechte kämpfte. Anders als die meisten Konferenzteilnehmerinnen wollte Stanton alles – das Frauenstimmrecht, das Recht auf Scheidung, sexuelle Rechte in der Ehe, Eigentumsrechte. Manchen war sie zu radikal.

„Wir halten folgende Wahrheiten für keines Beweises bedürftig: Dass alle Männer und Frauen gleich geschaffen sind."

In ihrer *Bibel der Frau* kritisierte sie in den 1890er-Jahren die frauenfeindlichen Auslegungen mancher Bibelstellen, was viele Suffragetten befremdete. Bei ihrem Tod, 18 Jahre vor der Einführung des Frauenwahlrechts in den USA, hatte sie viel Anerkennung eingebüßt. Susan B. Antony, ihre lebenslange Weggefährtin, sagte einmal: „Sie [Stanton] schmiedete die Blitze und ich feuerte sie ab."

● Wer in Seneca Falls ist, sollte unbedingt auch in die National Women's Hall of Fame hineinschauen.

> „Bildung sollte den Geist nicht nach einem vorgefertigten Bauplan formen. Sie soll vielmehr den Geist befreien."

Royce Hall, UCLA

ANGELA DAVIS

Los Angeles, USA

Als die heute emeritierte Professorin Angela Davis (geb. 1944) ihre Lehrtätigkeit an der University of California Los Angeles (UCLA) antrat, versuchte der kalifornische Gouverneur, sie wegen ihrer kommunistischen Gesinnung gleich vor der ersten Vorlesung zu feuern – zuerst erfolglos. Davis erfuhr eine Welle an Unterstützung und trat sogar in dem 2 000 Plätze umfassenden Konzertsaal der Royce Hall auf, bis Ronald Reagan sie im Laufe des Semesters doch vor die Tür setzte. Anschließend kämpfte Davis für die Belange der Häftlinge George Jackson, Fleeta Drumgo und John Clutchette. Die drei Afroamerikaner, die als Soledad Brothers bekannt waren, wurden des Mordes an einem weißen Wärter angeklagt. Am Überfall auf einen Gerichtssaal im Zusammenhang mit den Soledad Brothers war Davis nicht direkt beteiligt, wurde jedoch der Mittäterschaft bei Geiselnahme und schweren Mordes beschuldigt und das FBI setzte sie auf die Liste der zehn meistgesuchten Verbrecher der USA. Davis drohte bei ihrer Festnahme die Todesstrafe. Menschen gleich welcher Hautfarbe und Überzeugung machten sich für ihre Freilassung stark. Vierzig Jahre später kehrte Angela Davis als Professorin in die Royce Hall zurück - ein bedeutsames Indiz dafür, dass ihr Wirken den politischen Zeiger verstellt hat.

📍 In der Royce Hall, dem ältesten Gebäude der UCLA, finden regelmäßig Konzerte und Lesungen statt.

Riksdagshuset
GRETA THUNBERG
Stockholm, Schweden

Wenn sie nicht in Europa unterwegs ist und eindringliche Reden für den sofortigen Kampf gegen den Klimawandel hält, sitzt die 16-jährige Greta Thunberg freitags mit ihrem Protestschild vor dem Parlamentsgebäude (Riksdagshuset) in Stockholm – so lange, bis die Politik ihres Landes mit dem Pariser Klimaabkommen vereinbar ist. Es gibt momentan kaum eine bedeutsamere Person als das stille, zurückhaltende Mädchen mit Asperger-Diagnose, das sich im August 2018 vor dem Riksdagshuset zum ersten Mal niederließ und der sich mehr und mehr Menschen anschlossen. Thunberg wurde für Jung und Alt zur Inspiration und trat bei den Klimaprotesten von Extinction Rebellion auf. Im März 2019 folgten 1,4 Millionen junge Menschen ihrem Aufruf zum Klimastreik, schwänzten die Schule und protestierten für einen engagierteren Klimaschutz.

Die unermüdliche Klimaschutzaktivistin wurde für den Friedensnobelpreis nominiert und stellte mit dem Vorwurf, zu langsam in Klimafragen zu agieren, Politiker verschiedener Länder, auch vor der UN, öffentlich bloß. Die Veganerin reist nur per Bahn (und Schiff), nicht per Flugzeug. 2019 segelte sie über den Atlantik zum UN-Klimagipfel in New York.

💧 Wer Gretas Beispiel folgen will, kann die Petition #flyingless unterzeichnen oder checkt die Webseite von Fridaysforfuture.

Mahnmal für die Weiße Rose
SOPHIE SCHOLL
München, Deutschland

Auf dem ruhigen Vorplatz der Münchner Ludwig-Maximilian-Universität sind Schriftstücke verstreut auf dem Kopfsteinpflaster zu sehen. Es handelt sich um ein Keramikdenkmal zu Ehren der Weißen Rose, der auch die Studenten Sophie Scholl (1921–1943) und ihr Bruder Hans angehörten und die infolge ihres Widerstands gegen das NS-Regime im Zweiten Weltkrieg hingerichtet wurden. Die Weiße Rose war eine geheime, gewaltfrei agierende Widerstandsgruppe. Während in München die SS patrouillierte, druckten Sophie und Hans Flugblätter, in denen sie die Deutschen zum passiven Widerstand aufriefen.

Am 18. Februar 1943 wurden Sophie und Hans, die gerade Flugblätter in der Universität verteilten, von der Gestapo verhaftet, wegen Vorbereitung zum Hochverrat verurteilt und wenige Tage später durch die Guillotine hingerichtet. Als sich die Gestapo Sophie näherte, soll sie ihre letzten Flugblätter in die Luft geworfen haben. Diesen Augenblick hält das Bodendenkmal fest. Viele Straßen und Gebäude in Deutschland sind nach den Geschwistern Scholl benannt und erinnern daran, dass in Zeiten von Unterdrückung und Ungerechtigkeit jeder Akt der Auflehnung niemals klein oder unbedeutend ist.

● Das Mahnmal für die Weiße Rose auf dem Geschwister-Scholl-Platz ist vom U-Bahnhof Universität über die Ludwigstraße fußläufig erreichbar.

Race Street Meeting House
LUCRETIA MOTT
Philadelphia, USA

Bescheiden und doch imposant ist das 1856 im Federal Style erbaute Race Street Meeting House, ein rotes Backsteingebäude. Das Versammlungshaus entwickelte sich in Philadelphia rasch zum Hauptzentrum im Kampf um die Abschaffung der Sklaverei und das Frauenwahlrecht. Eine zentrale Figur war die Quäkerin und Abolitionistin Lucretia Mott (1793–1880), die mit ihrem energischen Eintreten für die Rechte der Frauen und Afroamerikaner bei der Seneca Falls Convention zur moralischen Anführerin wurde. Das Versammlungshaus der Quäker wirkt über das 20. Jahrhundert fort, u. a. für Action AIDS.

← Das Versammlungshaus ist seit seiner Eröffnung ohne Unterbrechung aktiv und steht als National Historic Landmark unter Schutz.

Cherokee National History Museum
WILMA MANKILLER
Tahlequah, USA

Wilma Mankiller (1945–2010) war die geborene Aktivistin. Schon in ihrer Jugend in Oklahoma kämpfte sie passioniert für ihr Volk der Cherokee und wurde als erste Frau zum Häuptling gewählt. 1985 bis 1995 erreichte sie als Chief der Cherokee Nation, des zweitgrößten indigenen Volksstammes in den USA, soziale Verbesserungen für die Schulbildung, Gesundheit und Berufsbildung ihres Volkes. Bis zu ihrem Tod trat sie engagiert für die Rechte der Frauen und Native Americans ein. Die Geschichte der Cherokee kann man in Tahlequah erkunden.

→ In Tahlequah (Oklahoma), der Hauptstadt der Cherokee-Indianer, gibt es das ganze Jahr Vorträge, Ausstellungen und andere Events.

Palais Waldstein
FRANTIŠKA PLAMÍNKOVÁ
Prag, Tschechische Republik

Die tschechische Feministin und Wahlrechtlerin Františka Plamínková (1875–1942) agitierte gegen das Lehrerinnenzölibat, das Lehrerinnen verbot zu heiraten. Sie war Journalistin und saß im Senat der Tschechoslowakei. 1942 wurde Plamínková, die mit vielen internationalen Organisationen in Verbindung stand und für die bürgerlichen Freiheiten eintrat, von den Nationalsozialisten ermordet. Im Park des Palais Waldstein, heute der Sitz des tschechischen Parlaments, gibt es eine Gedenktafel ihr zu Ehren.

⬅ Dieser große Barockgarten ist eine Oase der Ruhe inmitten der trubeligen Straßen der Prager Altstadt.

White House of the Confederacy
MARY RICHARDS BOWSER
Richmond, USA

Die außergewöhnliche Mary Richards Bowser (um 1841–1867) kam als Sklavin in Virginia auf die Welt. Nach ihrer Befreiung schloss sie sich im Sezessionskrieg mutig einem Spionagering an, tauchte ab und schmuggelte sich als angebliche Sklavin ins Weiße Haus der Konföderation. Bemerkenswerterweise wurde der Spionagezirkel, dem Richards Bowser angehörte, von Elizabeth Van Lew geleitet, deren Familie sie zuvor als Sklavin gedient hatte. Sie nutzte in ihrem Leben diverse Pseudonyme, von Richmonia St. Pierre bis einfach nur Mary Richards. Später unterrichtete sie emanzipierte Afroamerikaner.

➡ Das Weiße Haus der Konförderation (White House of the Confederacy), in dem Mary Richards Bowser als Spionin tätig war, liegt in Richmond, Virginia, und dient heute als Museum.

Kilmainham Gaol

COUNTESS MARKIEWICZ

Dublin, Irland

„Ich bin und bleibe Rebellin, eine unbeirrbare Rebellin, mit einem einzigen Ziel: eine freie und unabhängige Republik."

Tief ins irische Gedächtnis eingebrannt ist der Name des klobigen Gefängnisses, seitdem die Anführer des Osteraufstandes von 1916 dort inhaftiert und hingerichtet wurden. Die Zelle, in der Countess Constance Markiewicz (1868–1927) einsaß und die mit ihrem Namen gekennzeichnet ist, kann heute besichtigt werden. Markiewicz führte ein filmreifes Leben. Nach ihrer Heirat mit einem betuchten polnisch-ukrainischen Grafen zog sie nach Dublin, wo sie zur überzeugten irischen Freiheitskämpferin wurde. Zehn Jahre später kehrte der Graf in die Ukraine zurück und überließ Markiewicz ihrem mit revolutionärem Eifer verfolgten Ziel, Irland von den Briten zu befreien. Zusammen mit 14 weiteren Rebellenführern des Osteraufstands wurde sie zum Tode verurteilt. Ihr Kamerad James Connolly war so schwer verletzt, dass er nicht stehen konnte und vor dem Erschießen auf einen Stuhl gebunden wurde. Die Behörden scheuten sich, eine Frau zu exekutieren, noch dazu eine wohlhabende, und begnadigten Markiewicz. Auch wenn der Aufstand sein unmittelbares Ziel verfehlte, markierte er einen Wendepunkt auf dem Weg zum unabhängigen Irland. Markiewicz eroberte 1918 als erste Frau einen Sitz im britischen Unterhaus. Doch als überzeugte Republikanerin nahm sie die Wahl nicht an.

📍 Das Gefängnis Kilmainham Gaol, heute ein Museum, liegt im Südwesten von Dublin und ist zu Fuß vom Bahnhof Heuston Station erreichbar.

Top 10

BLAUE PLAKETTEN

In London sieht man gelegentlich blaue Plaketten an den Gebäuden, Blue Plaques genannt. Sie verweisen auf eine berühmte Person oder ein Ereignis und werden von der Denkmalschutzorganisation English Heritage bzw. außerhalb der Hauptstadt von anderen Verbänden vergeben. Es lohnt sich, auf den Blue Plaques nach großartigen Frauen unterschiedlichster Herkunft Ausschau zu halten.

1 EMMELINE PANKHURST & DAME CHRISTABEL PANKHURST

50 Clarendon Rd, Notting Hill, London

Bei ihrem ersten Suffragetten-Meeting war Emmeline 14, ihre Tochter tat es ihr später gleich. Die von ihnen gegründete militante Women's Social and Political Union (WSPU) mit dem Slogan „Deeds not Words" (Taten, nicht Worte) hatte in der Clarendon Road ihr Quartier, als die Frauen 1918 das eingeschränkte Wahlrecht erlangten.

2 HANNAH BILLIG

198 Cable Street, East London

Die Ärztin Hannah Billig, der „Engel von Cable Street", praktizierte viele Jahre im Londoner East End. Ihr Einsatz in den Luftschutzbunkern von Wapping beim „Blitz" auf London brachte ihr die George Medal ein, ihre Verdienste 1942 in der British Indian Army den Ritterorden MBE.

3 ENID BLYTON

83 Shortlands Road, Bromley, London

Die Bestseller-Kinderbuchautorin Enid Blyton war für ihre Serien *Fünf Freunde* oder *Die Schwarze Sieben* heiß geliebt, um nur eine kleine Auswahl der produktiven Autorin zu nennen. Über fünfzig Jahre nach ihrem Tod belegt sie noch den vierten Platz der meist übersetzten Schriftsteller.

4 SYLVIA PANKHURST

120 Cheyne Walk, Chelsea, London

Sylvia, eine weitere Tochter von Emmeline Pankhurst und Suffragette, lebte in dem blauen Haus in Chelsea von 1906 bis 1909 und wurde in jener Zeit wegen Protestaktionen für das Frauenwahlrecht festgenommen. Sylvia gründete die linke East London Federation of Suffragettes, agitierte als Kommunistin und später als Antifaschistin.

5 MARY SEACOLE

14 Soho Square, Soho, London

Die gebürtige Jamaikanerin zog nach England, um als Krankenschwester im Krimkrieg zu dienen, wurde aber wegen ihrer Hautfarbe abgewiesen. Daraufhin reiste sie eigenständig auf die Krim, um Verletzte zu pflegen. Später schrieb Mary ihre Autobiografie.

6 FANNY BURNEY

11 Bolton Street, Mayfair, London

Die erste blaue Plakette für eine Frau wurde an Fanny Burney vergeben. Sie zählte zum Kreis um Samuel Johnson und den Blaustrümpfen. Wegen ihres Einflusses auf spätere Schriftsteller, etwa mit dem Werk *Camilla,* bezeichnete Virginia Woolf sie als „Mutter der englischen Romanliteratur".

7 ELIZABETH GOULD BELL

Daisyhill Hospital, Newry, Nordirland

Dr. Bell war eine der ersten approbierten Ärztinnen in Irland. Die engagierte Frauenwahlrechtlerin kümmerte sich bei dem Hungerstreik der Suffragetten in Belfast um deren medizinische Versorgung im Gefängnis, teils durch Zwangsernährung.

8 HERTHA AYRTON

41 Norfolk Sq, Paddington, London

Ayrton war 1899 das erste weibliche Mitglied der Vereinigung der Elektroingenieure, die nächste Frau folgte 1958! Die Royal Society verlieh der in Cambridge studierten Mathematikerin die Hughes-Medaille, verweigerte ihr aber die Mitgliedschaft. In 41 Norfolk Sq entwickelte sie den *Ayrton Fan,* mit dem im Ersten Weltkrieg Giftgas beseitigt wurde.

9 JOANNA BAILLIE

Bolton House, Windmill Hill, Hampstead, London

Der schottischen Dramatikerin und Dichterin ist die vierte (eher braune als blaue) Plakette gewidmet, die in Hampstead vergeben wurde. 50 Jahre lebte sie hier und empfing Lord Byron, Sir Walter Scott, Keats und Wordsworth.

10 JESSICA ACE & MARGARET WRIGHT

Mumbles Pier, Swansea, Wales

Als 1883 das Rettungsboot von Mumbles Pier in einem schweren Sturm dem deutschen Schiff *Prinz Adalbert* zu Hilfe kommen wollte, geriet es selbst in Seenot. Heldenhaft riskierten Jessica Ace und Margaret Wright ihr Leben und konnten die Männer retten. Von der Königlichen Seenotorganisation wurde ihnen damals kein Dank ausgesprochen.

KÜNSTLE-
RINNEN

Casa Azul
FRIDA KAHLO
Mexiko-Stadt, Mexiko

Zweifelsohne ist der weltweite Wiedererkennungswert dieser Künstlerin unübertroffen. Frida Kahlo (1907–1954) erblickte in der Casa Azul, dem wunderschönen blauen Haus in Mexiko-Stadt, das Licht der Welt. Fast ihr gesamtes Leben verbrachte sie hier, zeitweise mit ihrem Gatten Diego Rivera, dem bekannten Muralisten, und hier starb sie auch. Kahlo liebte Ihr Elternhaus im grünen Stadtteil Coyoacán, mit seinem zauberhaften Innenhof und Garten. Es ist heute ein Museum und die umfassendste Hommage an Frida Kahlo und ihre Gemälde.

Ihr einzigartiger folkloristischer Stil ließ Kahlo neue Wege in der von Machos beherrschten Welt der Künste beschreiten. Intensiv setzte sie sich mit Geschlecht, Ethnie und Klasse auseinander. Wiederkehrende Themen sind der chronische Schmerz und ihre Wirbelsäulenverletzung, die sie seit ihrem Unfall als 18-Jährige erleiden musste. Obgleich sie sich auf eine turbulente Ehe mit Rivera einließ, der damals berühmter war als sie, weckte ihr Werk bald internationale Aufmerksamkeit. Das Musée du Louvre erwarb ein Gemälde von ihr, das erste Kunstwerk aus Mexiko des Pariser Museums. Nach ihrem Tod wuchs ihr Ansehen in der Kunstwelt rasant, sogar von „Fridamanie" war die Rede. Nach einem Perspektivenwechsel und einer kunsthistorischen Neubewertung ist Frida Kahlo heute eine der größten Künstler Mexikos und eines der wichtigsten kulturellen Exportgüter des Landes. Bei dem Besuch der Casa Azul spürt man Frida Kahlos Talent im unmittelbaren Kontext ihres bewegten Lebens.

📍 Auch im Museo Dolores Olmedo im Stadtbezirk Xochimilco ist ein kompletter Raum den Gemälden Frida Kahlos gewidmet.

Maison de George Sand
GEORGE SAND
Nohant-Vic, Frankreich

Beim Spaziergang über das gepflegte Landgut aus dem 18. Jahrhundert mit seinen Blumenbeeten und Obstbäumen meint man, die französische Schriftstellerin der Romantik hätte dort nur ein idyllisches Dasein geführt. Dabei war George Sand (1804–1876), die in dem von ihr geliebten Hafen der Ruhe im Zentrum Frankreichs den Großteil ihres Lebens verbrachte, in höchstem Maße unkonventionell.

Amantine Lucile Aurore Dupin, so ihr richtiger Name, wurde in Paris geboren und wuchs hier bei ihrer Großmutter väterlicherseits auf. Oft wurde das Anwesen von der Kreativität seiner illustren Gäste erhellt: Flaubert, Balzac, Liszt und Delacroix – und nicht zu vergessen Chopin, der wohlbekannte Komponist und Pianist, der hier sieben Sommer verbrachte und mit dem sie eine lange, stürmische Liebesbeziehung einging. Eine von vielen übrigens.

Manche goldgerahmte Porträts an den hübschen Salonwänden zeigen sie als schwarzhaarige Schönheit mit geheimnisvollem Blick. Während die Frauen ihrer Schicht sich in Korsetts zwängten, wandte sie sich aktiv gegen das bürgerliche Stereotyp der feinen Dame. Mit dem Pseudonym George Sand schuf sie sich eine androgyne Identität. Sie trug Männerkleidung und rauchte ungehemmt in der Öffentlichkeit. Sand schrieb für den *Figaro* und engagierte sich politisch, u. a. als Verantwortliche für das *Bulletin* der Revolutionsregierung nach 1848. Sand war seinerzeit erfolgreicher als Victor Hugo, der für ihr Begräbnis die würdigende Trauerrede schrieb.

📍 Nohant-Vic liegt in der zentralfranzösischen Landschaft Berry, rund eine Stunde Fahrzeit südlich der Stadt Bourges.

„Sag Wahrheit ganz, doch sag sie schräg."

Emily Dickinson Museum
EMILY DICKINSON
Amherst, USA

Das Emily Dickinson Museum zollt einer Frau Tribut, die praktisch als Erfinderin der Emo-Jugendszene gelten könnte. Niemand weiß genau, weshalb die „Schöne von Amherst" als Erwachsene ihr Haus kaum mehr verließ. In der modernen Forschung wird viel spekuliert, von Agoraphobie oder Epilepsie ist die Rede. Unbestritten ist, dass ihr Eigenbrötlertum zum Markenzeichen wurde. Je zurückgezogener Emily Dickinson (1830–1886) lebte, desto mehr Gerüchte kursierten. Sie trüge nur weiße Gewänder, hieß es. Sie spräche zu Besuchern durch einen Spalt in ihrer Zimmertür. Sie wäre vom Tod besessen.

In Wirklichkeit war Emily Dickinson weitaus weniger befremdlich. Tod und Sterblichkeit, worum sich ihre Gedichte oft drehten, waren in ihrer Gesellschaft gängige Themen. Daraus schmiedete Dickinson unnachahmliche Verse, die meisten an dem kleinen Schreibtisch in ihrem Zimmer. Dieser war für Emily gleichbedeutend mit Freiheit und ist im Museum ausgestellt. Ebenfalls zu sehen sind ihr Bett und der Korb, in dem sie ab und an Süßigkeiten für die Nachbarkinder aus dem Fenster hinabließ.

Amherst ist kaum zwei Stunden von Boston entfernt und für jeden Lesebegeisterten ein idealer Zwischenstopp auf einer Rundtour entlang der Liberal-Arts-Colleges im Nordosten der USA.

„Wie kann ich leben ohne die Energie, die Berge emporhebt?"

Meeras Tempel
MIRABAI
Chittorgarh, Indien

Bekannt ist die indische Mystikerin, Dichterin und Heilige Mirabai (1498–1546) auch dafür, dass sie einen versuchten Giftmord überlebte. Die Prinzessin heiratete in eine aristokratische Familie, wo sie ein häusliches Dasein erwartete. Dann starb ihr Gemahl im Kampf der Rajputen gegen das Mogulreich, was ihr Leben grundlegend veränderte.

Für eine Witwe im frühen 16. Jahrhundert war Mirabais Leben vorgezeichnet: Entweder sie stürzte sich, der grausamen Tradition gemäß, zu ihrem toten Mann ins Feuer oder sie lebte fortan in stiller Buße. Mirabai wählte weder das eine noch das andere. Stattdessen widmete sie sich vollends dem Gott Krishna, hielt Satsangs (spirituelle Treffen) und schrieb lobpreisende Bhajans (Hymnen). Ihre Familie war entsetzt über ihr sonderliches Verhalten, andere trachteten ihr gar nach dem Leben. Wie durch ein Wunder überlebte Mirabai alle Anfeindungen und wurde zur Wanderheiligen. „Keiner hält mich davon ab, zu den Heiligen zu gehen. Mich kümmert das Gerede der Leute nicht", sang sie im Sinne der hinduistischen Bhakti-Bewegung.

Zurückgezogen in ihrem kleinen schmucken Heiligtum, dem aus Stein geschnitzten Krishna-Tempel, verbrachte sie ihre Zeit mit Lobgesängen. Heute sitzt eine hübsche weiße Statue von Mirabai neben Krishna. Der Tempel ist ein wunderbarer Ort, um in einem ihrer Gedichtbände zu schmökern.

📍 Meeras Tempel befindet sich innerhalb einer größeren Vishnu-Tempelanlage, etwa drei Stunden Fahrt von Jodhpur und eine Stunde von Pushkar entfernt.

Sissinghurst Castle Garden
VITA SACKVILLE-WEST
Kent, England

Nationalbibliothek von Antigua und Barbuda
JAMAICA KINCAID
Saint John's, Antigua und Barbuda

Die Dichterin und Schriftstellerin Vita Sackville-West (1892–1962) gehörte der berühmt-berüchtigten „Bloomsbury Group" an und war die Freundin von Virginia Woolf. Bekannt ist sie vielleicht eher für ihren Garten von Sissinghurst Castle, den sie in über 30 Jahren in einen der beliebtesten Gärten Englands verwandelte. Auf dem Gelände gestaltete sie nach einem experimentellen, informellen Schema verschiedene Gartenräume, wie den Weißen Garten, Rosengarten, Lindengang oder Bauerngarten. Obgleich sie weder Gartenbau noch Design studiert hatte, prägte ihr Bepflanzungskonzept die moderne Gartenkunst wie kaum ein anderes.

Die Autorin Jamaica Kincaid (geb. 1949) dokumentierte die Geschichte der Nationalbibliothek von Antigua und Barbuda, angefangen bei ihrer Kindheit und ihrer Liebe zu Büchern bis zum Erdbeben von 1974, das die Bibliothek zerstörte. Sie beklagte die schäbige Unterbringung der Bücher über einem Trockenwarenladen. Erst Jahrzehnte später baute die Regierung eine angemessene neue Bibliothek in der Market Street am Victoria Park. In ihrem Buch *Lucy* schreibt Kincaid, heute Gastprofessorin für afrikanische und afroamerikanische Studien an der Universität Harvard, über ihre Kindheit in Saint John's, bevor sie mit 16 in die USA auswanderte.

 Man nimmt den Zug nach Staplehurst oder die Arriva-Buslinie 5 ab Maidstone. Heute wird der Garten vom National Trust verwaltet.

 Die Bibliothek liegt auf dem Weg Richtung Coconut Grove, der zweifellos besten Beach Bar auf der Insel.

Museo Gabriela Mistral

GABRIELA MISTRAL

Vicuña, Chile

Lucila Godoy Alcayaga, alias Gabriela Mistral (1889–1957), ist als erste Literaturnobelpreisträgerin Lateinamerikas bekannt. Die talentierte Dichterin, Lehrerin und Diplomatin war auch chilenische Konsulin in Italien, Spanien und Portugal. Doch vor dieser internationalen Anerkennung war Mistral eine bescheidene Lehrerin aus armen Verhältnissen in dem chilenischen Andendorf Montegrande. Ihr Elternhaus, heute ein Museum, spiegelt ihr anfänglich einfaches Leben wider. Mit ihrem Lohn als Grundschullehrerin unterstützte Mistral ihre Mutter, eine Näherin. Nebenher schrieb sie Gedichte, in denen sie die Freuden und Enttäuschungen verarbeitete, die ihr der Alltag bescherte. Zwei besonders schmerzliche Erfahrungen inspirierten sie zu ihren ersten nennenswerten Werken, *Sonetos de la muerte* (Sonette über den Tod) von 1914 und *Desolación* (Verzweiflung) von 1922. In den Folgejahren schrieb sie über romantische Liebe, familiäre Beziehungen, Kummer, Religion und Moral und bereiste als Schriftstellerin und Diplomatin die Welt. Nach ihrem Tod 1957 in Hempstead, New York, wurden ihre sterblichen Überreste nach Chile überführt und das Land rief eine dreitägige Staatstrauer aus.

▸ Das Museum im Dorf Montegrande lässt sich gut mit dem Bus von La Serena aus erreichen.

„Gott sei Dank schickte man mich nie zur Schule; es hätte etwas von der Originalität abgerieben."

Hill Top
BEATRIX POTTER
Cumbria, England

Die liebevoll illustrierten Geschichten strömten nur so aus ihrem Pinsel und ihrer Feder, als 1905 die fast vierzigjährige Beatrix Potter (1866–1943) von London ins nordenglische Lake District in der Grafschaft Cumbria umzog. Mit den Einnahmen aus ihrem Erstlingswerk *Peter Rabbit* hatte sie die Hill Top Farm erworben, und hier tauchte sie offenen Herzens in das ländliche Leben ein, von dem die Kinderbuchautorin bei ihren alljährlichen Sommerferien wie verzaubert war. Unweit des von Hügeln gesäumten Lake Windermere liegt das idyllische Farmhaus aus dem 17. Jahrhundert, das Potter als Inspiration und Kulisse für ihre Kindergeschichten diente. Heute können ihre Fans hier vertraute Szenen aufspüren. Der weitläufige Cottage-Garten mit Fingerhut, Lupinen, Rosen und Geißblatt weckt Erinnerungen an Katerchen Moppel und im Rhabarberbeet könnte Ente Jemima Pratschel-Watschel ihre Eier versteckt haben. Beatrix gestaltete ihren Garten selbst und zeichnete ihn dann in allen Details. Wie im Märchenschlaf wirkt das Haus mit den vielen Tuschezeichnungen und Aquarellen, Briefen, Tonwaren, Antikmöbeln und Kleidern, darunter Potters Hut und Holzpantinen. In ihrem Vermächtnis verlangte sie, dass für den Besucher nichts verändert werden durfte – „Als wäre ich gegangen und sie hätten mich gerade verpasst".

Beatrix war nicht nur Autorin und Illustratorin. Sie engagierte sich leidenschaftlich für den Naturschutz im Lake District und leistete als Landbesitzerin, Farm-Managerin und Geschäftsfrau einen aktiven Beitrag für das Ansehen ländlicher Frauen.

💡 Besonders reizvoll ist die Anreise nach Hill Top über die Fähre von Bowness hinüber zum westlichen Ufer des Lake Windermere.

Mbantua Gallery

EMILY KAME KNGWARREYE

Alice Springs, Australien

Sie war eine Aborigene aus dem Stamm der Anmatyerre. Emily Kame Kngwarreye (1910–1996) lebte und wirkte in Utopia, 230 Kilometer nordöstlich von Alice Springs, und zählt zu den erfolgreichsten Künstlern Australiens. Ihre Gemälde erzielen Verkaufspreise von bis zu 2,1 Millionen Australische Dollar. Dabei war sie fast achtzig Jahre alt, als sie ernsthaft mit der Malerei begann.

Kngwarreye schöpfte Kraft für ihre Werke aus der tiefen Verbindung zu ihrem Land und der Heimat Alhalkere. In ihren Bildern verarbeitete sie die über 50 000 Jahre alte Geschichte ihrer Ahnen. Sie verschlüsselte Elemente und Themen wie die Traumzeit, Landschaften, Clan-Wissen, Jahreszeiten oder traditionelle Aborigene-Designs, die ihr dank jahrzehntelanger Beobachtung und ihrer engen Bindung zur Heimat vertraut waren. Wie andere Mitglieder der Künstlerkolonie inmitten in der Wüste im Zentrum Australiens malte Kngwarreye im Freien und im Schneidersitz am Boden, die Leinwand vor sich auf die rote Erde gelegt. In den sieben Jahren vor ihrem Tod schuf Kngwarreye etwa 3 400 Kunstwerke. Die Einnahmen daraus teilte sie aus verwandtschaftlicher Verpflichtung mit der Gemeinschaft.

Ihre Bilder sind auf dem internationalen Sammlermarkt heiß begehrt. Kleinere Werke (ab 35 000 Australische Dollar aufwärts) können in Alice Springs bei der Mbantua Gallery erworben werden.

© Janelle Lugge / Shutterstock

● Utopia ist die Heimat von etwa 2 000 Aborigenes. Die Region umfasst ungefähr 5 000 Quadratkilometer nordöstlich von Alice Springs.

Friedhof St Mary's on the Island
LAURENCE HOPE
Chennai, Indien

Ein zugewucherter Friedhof ist die letzte Ruhestätte der ungewöhnlichen Dichterin Laurence Hope (1865–1894), auch als „Violet" Nicolson bekannt, die sich in Madras (heute Chennai) das Leben nahm.

Die exotisch-erotischen Verse eines „Mr." Hope begeisterten die Leser von London bis New York, bis publik wurde, dass es sich bei „ihm" um die Ehefrau eines hochrangigen britischen Offiziers in Indien handelte. Der Skandal war vernichtend und Hopes Ruhm von kurzer Dauer. Über den frühen Tod ihres Mannes verzweifelt, beging sie mit 39 Jahren Selbstmord. Das Einzelgrab, in dem Hope mit ihrem Mann ruht, ist nach dem Monsun wild zugewachsen.

⬅ Laurence Hopes Grab findet man auf dem Friedhof St. Mary's on the Island in der Hafenstadt Chennai.

Westminster Abbey
APHRA BEHN
London, England

„Alle Frauen sollten Blumen auf das Grab von Aphra Behn streuen, denn sie war es, die ihnen das Recht einbrachte zu sagen, was sie denken." Dies schrieb Virginia Woolf über die frühe Schriftstellerin, eine Freidenkerin und zeitweise gar Spionin, deren letzter Roman *Oroonoko oder der königliche Sklave* am bekanntesten ist. Aphra Behn (um 1640–1689), ihre genaue Herkunft liegt im Dunkeln, war nach John Dryden die zweitproduktivste englische Autorin der Restaurationszeit und die erste Engländerin, die von der Schriftstellerei lebte. König Karl II. war ein regelmäßiger Besucher ihrer Theaterstücke. In der Westminster Abbey fand sie ihre letzte Ruhestätte.

➡ Die Zeit von Aphra Behn fiel mit dem Wiederaufleben des Theaters in der englischen Restauration zusammen. Produziert wurden ihre Stücke im Theatre Royal (Drury Lane), das bis heute existiert.

„Eine Frau braucht Geld und ein eigenes Zimmer, wenn sie Bücher schreiben will."

Monk's House
VIRGINIA WOOLF
Rodmell, England

Namhafte Künstler und Anhänger der Bloomsbury-Group, darunter T. S. Eliot, E. M. Forster, Vanessa Bell und Duncan Grant, kamen in das Cottage in East Sussex zu Besuch. Der Grund war seine Besitzerin Virginia Woolf (1882–1941), eine der größten Autorinnen des 20. Jahrhunderts. Virginia hatte es 1919 gemeinsam mit ihrem Ehemann Leonard Woolf als Rückzugsort erworben, um der Londoner Hektik zu entfliehen, und verbrachte hier bis zu ihrem Tode zunehmend mehr Zeit. Monk's House gewährt viele Einblicke in Woolfs buntes Leben. Darüber hinaus kann man Gemälde von Bell und Grant betrachten sowie den herrlichen, von Leonard gestalteten Garten und das Häuschen am Ende, in dem Virginia einen Großteil ihrer Texte schrieb.

Wer Virginia Woolf mag, wird diesen Ort lieben, der die Autorin und ihr Werk zum Leben erweckt. Die ovalen Kaminfliesen mit Leuchtturmmotiv in Virginias Schlafzimmer rufen Erinnerungen an ihren Roman *Zum Leuchtturm* wach. Während sie auf die Fertigstellung ihres Zimmers wartete, schrieb Woolf den feministischen Essay *Ein eigenes Zimmer*. Mit dem Erlös aus *Mrs Dalloway* finanzierte sie das Badezimmer. Viele Räume sind heute noch in den von Woolf gewählten Farben gehalten.

Monk's House ist nicht nur eine grandiose Sammlung von Objekten, die ein Ehepaar mit Talent und Geschmack zusammenstellte. Es ist ein Fenster in das Leben einer Schriftstellerin, die zu den einflussreichsten des vergangenen Jahrhunderts zählt.

📍 Der Bus 123 (Newhaven–Lewes) hält am Pub Abergavenny Arms in Rodmell. Oder man radelt auf dem Egrets Way zum Monk's House.

Casa Madre
ALICE WALKER
Costa Careyes, Mexiko

Ich stelle mir sie immer eher auf dem Land vor als in der Stadt, etwa als kleines Mädchen im ländlichen Georgia, auf der Suche nach einem geheimen Ort, um unter einem Baum zu schreiben; in einem der wunderschönen Gärten, die ihre Mutter anlegte – Böden, die ihre Familie bewirtschaften, aber nicht besitzen durfte; in den nordkalifornischen Hügeln, wo sich Alice ein Zuhause mit kaskadenähnlichen Gärten schuf. Jetzt stelle ich mir Alice dort vor, wo ich sie gerade gesehen habe: an der Küste Mexikos, in dem von ihr selbst entworfenen Haus, eingebettet zwischen grünen Palmen, Natursteinskulpturen und plätschernden Brunnen.

Unser gemeinsames Heimatland macht eine schmerzvolle Zeit durch. Daher fühlt es sich richtig an, dass sie weit genug entfernt ist, um es klar und deutlich zu sehen. Ihre Welt kennt keine Mauern oder Grenzen, sondern Wanderpfade, die unseren Erdball wie Schnüre umspannen.

VON GLORIA STEINEM

Top Withens
EMILY BRONTË
Keighley, England

Das nahe gelegene Brontë Parsonage Museum in Haworth zeigt den Salon, in dem Emily Brontë (1818–1848) im viel zu frühen Alter von 30 Jahren starb, nur drei Monate nach dem Tod ihres Bruders Branwell. Anhänger von *Sturmhöhe*, dem brillanten und einzigen Werk der mittleren Brontë-Schwester, das als stärkster und eindringlichster Roman der englischen Sprache gehandelt wird, können vom Elternhaus der Geschwister auf Top Withens zu dem verfallenen Haus aus dem 17. Jahrhundert hinauflaufen, das laut einer Freundin von Emilys Schwester Charlotte die Vorlage für den abgelegenen Gutshof in *Sturmhöhe* war. Es ist die Kulisse der Kindheit von Cathy und Heathcliff. Hier griff die eiskalte, geisterhafte Hand durchs Fenster, die den hochmütigen Erzähler fürchterlich erschreckte, hier wurde Isabella brutal mitgespielt und hier keimte die junge Liebe auf zwischen Catherine und Hareton Earnshaw. Nicht jeder findet bei der Betrachtung von Top Withens das „alte und dunkle" Haus im Roman wieder, doch die Umgebung ist düster genug. Ob Top Withens nun Emily tatsächlich inspirierte oder nicht – beim Anstieg taucht der Wanderer in die wilde Landschaft ein, die Emilys Fantasie beflügelte, er lauscht dem Ruf der Kiebitze und atmet im Spätsommer und Herbst die „reine würzige Heideluft".

Zu Top Withens führt ein elf Kilometer langer Rundweg von der Gemeinde Haworth aus, der auch am Brontë-Wasserfall vorbeikommt.

IN HER FOOTSTEPS

72 rue de Belleville
ÉDITH PIAF
Paris, Frankreich

In der Pariser Arbeitervorstadt Belleville wuchs die französische Chanson-Ikone Édith Piaf (1915–1963) in Armut auf. Sie tourte als Kind mit dem Vater, einem Straßenartisten, durch Europa und schlug sich dann alleine durch. Mit zwanzig wurde sie entdeckt und als aufstrebender „Spatz von Paris" gefeiert. Piafs Leben war turbulent, mit zahllosen Liebhabern und mehreren Ehen, sie überlebte zwei Autounfälle, wurde alkohol- und morphiumabhängig. Schmerz und Leidenschaft flossen in ihre unvergesslichen Chansons wie „La vie en rose", ihre Interpretation von „Non, je ne regrette rien" ist ihr Vermächtnis. Neben ihrer Tochter, die mit zwei Jahren starb, liegt Édith Piaf auf dem Friedhof Père Lachaise begraben.

⬅ Rue de Belleville 72 im 20. Arrondissement: Eine Gedenktafel über der Tür erinnert an Édith Piaf, die auf diesen Stufen geboren sein soll.

Irma Stern Museum
IRMA STERN
Kapstadt, Südafrika

Sie war der Gauguin Südafrikas. Irma Stern (1894–1966), Tochter deutsch-jüdischer Einwanderer, brachte von ihren Reisen eine Menge Kunst und Inspiration für ihre expressiven Porträts und Landschaftsbilder mit. Sie studierte in Weimar und Berlin und war mit Max Pechstein und den deutschen Expressionisten verbunden. Bei ihrer Rückkehr nach Kapstadt konfrontierte sie die konservative lokale Kunstszene mit moderner Malerei. Sterns Stil und die Darstellungen dunkelhäutiger afrikanischer Frauen sorgten für Empörung, wegen Unsittlichkeit wurde gegen sie ermittelt. Ab 1927 lebte und malte sie in ihrem Domizil. Einst Zentrum der Bohème, ist es heute ein Museum ihr zu Ehren.

➡ Das Museum befindet sich acht Kilometer über den Highway M3 vom Stadtzentrum entfernt, nicht weit von der Universität Kapstadt.

Green Gables
L. M. MONTGOMERY
Prince Edward Island, Kanada

Viele ihrer Fans würden sich am liebsten mit einem Fingerschnipsen zur Farm auf Prince Edward Island befördern – so etwa zurück ins Jahr 1870 und rothaarig natürlich. Im englischen Sprachraum ist die kleine Heldin der Kinderbuchreihe *Anne auf Green Gables* von L. M. Montgomery (1874–1942) so bekannt wie bei uns Pippi Langstrumpf. Seit der Erstausgabe von 1908 stiehlt sich Anne mit wilder Fantasie, Durchsetzungskraft und aufgeschürften Knien in die Kinderherzen und lockt Anhänger auf die Insel, zu dem unvergesslichen Schauplatz der Geschichte und Geburtsort ihrer Schöpferin Lucy Maud Montgomery. Prince Edward Island ist bis heute ein magischer Ort und lädt dazu ein, herumzustreunen und von Anne zu träumen, mit goldenen Wiesen, Kieselstränden, Seerosen und friedlich grasenden Kühen auf sanftgrünen Weiden.

📍 Die Farm Green Gables, die Montgomery als Inspiration diente, liegt in der Gemeinde Cavendish und ist für Besucher geöffnet.

„Du musst zur Schule gehen und lernen, dich zu schützen. Und du musst lernen, dich mit dem Stift zu schützen, nicht mit der Waffe."

Folies Bergère
JOSEPHINE BAKER
Paris, Frankreich

Als Josephine Baker (1906–1975) am Revuetheater Folies Bergère die Bühne betrat und ihren *Danse sauvage* (wilden Tanz) hinlegte, nur mit einem Röckchen aus 16 Plastikbananen bekleidet, verlor Paris kollektiv die Besinnung. Es war 1926 und das gab es noch nie. Beim Anblick ihrer rotierenden Hüften und fliegenden Ellbogen zum Rhythmus afrikanischer Trommeln erlagen die Pariser der Faszination schwarzer „Exotik". Baker wurde zum Star des Revuetheaters der Belle Époque.

Aufgewachsen war Baker bitterarm in St Louis (USA). Sie hatte sich den internationalen Ruhm schwer erkämpft und wurde zu einer aufsehenerregenden Diva, die ein exzentrisches Leben führte. Für ihre „Regenbogenfamilie" adoptierte sie zwölf Kinder aus aller Herren Länder, baute einen Minigolfplatz auf ihrem Renaissanceschloss in Frankreich und flanierte mit ihrem Haustier, einem Geparden, durch die Stadt. Doch Baker war auch Agentin in Frankreichs Résistance und Bürgerrechtlerin.

Das legendäre Folies Bergère war über 50 Jahre alt, als Baker es in Wallung brachte, und erstrahlt bis heute in prunkvollem Glanz, mit Art-Deco-Fassade, gold-türkisfarbener Lobby, baumhohen Kandelabern und glitzerndem Konzertsaal. Bananentänze gibt es kaum mehr, dafür aber moderne Musicals und Rockbands. Sie sind weniger atemberaubend als Josephine Baker – doch was könnte dies je sein!

Nach wie vor werden im Folies Bergère in Paris, 9. Arrondissement, 32 rue Richer, spektakuläre Shows dargeboten.

© Oliver Foerstner / Shutterstock

„Lasse die bittere Traurigkeit nie los, die Sehnsucht heißt."

St Mark's Church-in-the-Bowery
PATTI SMITH
Manhattan, New York City, USA

Es war der 10. Februar 1971, ein bitterkalter Mittwochabend, als sich sämtliche Szene-Stars von Manhattan in der Kirche versammelten. Andy Warhol war da, Lou Reed, Sam Shepard und Robert Mapplethorpe. Doch nicht, um Gottes Segen zu empfangen, sondern aus einem viel spirituelleren Grund: Patti Smith (geb. 1946) stand zum ersten Mal auf der Bühne.

„Mein Ziel war nicht nur, gut zu sein oder mich zu behaupten", schrieb Smith später. „Ich wollte in St Mark's ein Zeichen setzen … Ich wollte das geschriebene Wort mit der Unmittelbarkeit eines Rock'n'Roll-Frontalangriffs aufladen."

Und das tat sie. Bis Smith zur Punk-Ikone aufstieg, dauerte es noch ein paar Jahre, doch die junge Poetin in Schlangenhautstiefeln, von krachenden Gitarrenakkorden ihres Freundes Lenny Kaye begleitet, war schon die Vision davon. Ihr vorgetragenes Gedicht *Oath* floss später in ihre *Gloria*-Songversion ein („Christ died for somebody's sins but not mine"). Die Menge tobte. In einem Gotteshaus hätte man das nicht gerade erwartet, doch St Mark's war nie eine gewöhnliche Kirche gewesen. Das bescheidene Steingebäude aus den 1790er-Jahren blickt auf eine lange Geschichte mit Avantgarde-Literatur, Tanz- und Theateraufführungen zurück. Am besten checkt man online die Termine für eine Lesung oder eine Performance der nächsten Patti Smith.

St Mark's liegt an der 131 E 10th Street im East Village, Manhattan.

27 rue de Fleurus
GERTRUDE STEIN
Paris, Frankreich

Die US-amerikanische Autorin Gertrude Stein (1874–1946) kam 1903 nach Paris und wurde zur Ikone, um die sich die Pariser Kunstszene drehte. Mit ihrem modernen Schreibstil machte sie sich einen Namen, doch auch mit ihrem Salon, in dem sie Schriftsteller und Künstler empfing, u. a. Ernest Hemingway, F. Scott Fitzgerald und Ezra Pound. Stein war eine frühe Sammlerin von Kubisten und Postimpressionisten wie Pablo Picasso und Henri Matisse, deren Karrieren sie beflügelte. Picasso malte 1905 ein berühmtes Porträt von ihr. Später prägte Stein den Begriff „Die verlorene Generation" für Schriftsteller der Pariser Nachkiegszeit der 1920er-Jahre. Ihre langjährige Gefährtin Alice wurde zur Figur ihres Bestsellers *Die Autobiographie der Alice B. Toklas*.

📍 Eine Gedenktafel verweist heute auf Gertrude Steins legendären Künstlersalon, 27 rue de Fleurus, 6. Arrondissement, am linken Seineufer in Paris.

„Schließ' keine Kompromisse - du bist alles, was du hast."

Hippie Hill
JANIS JOPLIN
San Francisco, USA

Wer in San Francisco im Golden Gate Park über die Wiesen im Osten schreitet, hört beinahe die gefühlvoll-bluesige Stimme von Janis Joplin (1943–1970). Hier unter einem Baum klimperte in den 1960er-Jahren die legendäre Rockmusikerin auf ihrer Gitarre. Zum „Hippie Hill" wurde dieser Teil des Parks, weil er Freidenker, Friedensaktivisten und Langhaarige anzog, heute ist er bei Pärchen und für Picknicks beliebt. Hin und wieder erweisen improvisierte musikalische Darbietungen der Bluesrock-Göttin Janis Joplin die Ehre, die mit nur 27 Jahren starb.

📍 Der Hippie Hill ist eine Viertelstunde zu Fuß von 635 Ashbury St entfernt, wo Joplin Ende der 1960er-Jahre wohnte.

Heiliger Hain der Göttin Osun
SUSANNE WENGER
Oshogbo, Nigeria

Die Wälder Nigerias bargen einst unzählige heilige Stätten, doch die Verstädterung und Rodung fordern einen traurigen Tribut. Der Heilige Hain der Göttin Osun, eine bedeutende Fluss- und Urwaldlandschaft am Rande der Künstlerstadt Oshogbo, steht unter dem Schutz der UNESCO, was auf die leidenschaftlichen Bemühungen der Österreicherin Susanne Wenger (1915–2009) zurückgeht. Die surrealistische Künstlerin kam in den 1950er-Jahren nach Nigeria und erkrankte dort an Tuberkulose. Nach ihrer Genesung dank der lokalen Heiler verschrieb sie sich dem Yoruba-Glauben und wurde zur Hohepriesterin „Adunni Olorisha". Unvergesslich bleibt der Besuch von Wengers Steinhaus in Oshogbo, das mit vielen Votivskulpturen und kunstvoll geschnitzten Stühlen einem Hausschrein gleicht. Wer jedoch die übergroßen Kunstwerke sucht, die Wenger in Zusammenarbeit mit nigerianischen Künstlern erschuf, findet diese im Heiligen Hain. Dorthin strömen die Yoruba zur Verehrung ihrer Fruchtbarkeitsgöttin Osun, besonders bei der Festprozession im Sommer. Affen, Schlangen und Antilopen tummeln sich hier und im heiligen Fluss lungern Alligatoren. Mit 200 Heilpflanzen ist der Hain für die Bevölkerung lebenswichtig. Wenger hinterließ ein ökologisches und spirituelles Vermächtnis und ist in den vielen Ateliers und Galerien der Künstler-Community von Oshogbo bis heute allgegenwärtig.

📍 Wengers Adoptivkinder – die Hohepriester Sangodare und Adedoyin Faniyi – bieten tolle Touren an, die durch den Hain führen.

Casa das Histórias
PAULA REGO
Cascais, Portugal

In der beschaulichen Küstenstadt Cascais würde man keine modernen Pyramiden des Stararchitekten und Pritzker-Preisträgers Eduardo Souto de Moura vermuten. Andererseits schockiert die visuelle Künstlerin Paula Rego (geb. 1935) schon immer gerne ihr Publikum. So gesehen sind die pyramidenförmigen Türme, die das Museum Casa das Histórias beherbergen, die passende Kulisse für die größten und eindrucksvollsten Arbeiten der Künstlerin.

Ihre unverkennbaren Gemälde, Grafiken und Stiche erzählen immer wieder Geschichten – doch keine, die man abends vor dem Einschlafen lesen möchte. Es sind grausame Märchen, Albträume psychosexueller Machenschaften aus der distanzierten feministischen Perspektive. Missbrauch, Folter, Mord, leidvolle weibliche Erfahrungen sind ineinander verwoben, die Figuren sind grotesk und verstörend, ihre Botschaften subversiv. Regos Werk ist nichts für schwache Gemüter. Wie auch, will sie doch „der Angst ein menschliches Gesicht geben".

Paula Rego zählt zu den berühmtesten zeitgenössischen Künstlern Portugals, deren produktive Karriere schon über 50 Jahre andauert. In den 1960er-Jahren begann sie als einzige Frau der Künstlergruppe School of London an der Seite von Lucian Freud und David Hockney auszustellen, 1990 wurde sie als erste Associate Artist der National Gallery geladen. Aus Zorn über ein 1998 in Portugal gescheitertes Referendum zur Lockerung der Abtreibungsgesetze schuf Rego eine kontroverse Serie zum Thema Abtreibung, mit der sie Frauen ermutigen will, künftig stärker für ihre Rechte einzutreten.

📍 Das Museum in Cascais, westlich von Lissabon, ist von dort in 40 Minuten mit dem Zug vom Bahnhof Cais do Sodré erreichbar.

IN HER FOOTSTEPS

Haida Gwaii
EMILY CARR
British Columbia, Kanada

Die Inselgruppe Haida Gwaii ist die traditionelle Heimat der Haida, einer First Nation. Die Künstlerin Emily Carr (1871–1945) aus Victoria (BC) machte sich Anfang des 20. Jahrhunderts ohne Begleitung auf den Weg zu den entlegenen Inseln, was für eine Frau in jener Zeit ein ungewöhnliches Wagnis bedeutete. Ihre Gemälde zeigen oft Totempfähle, handgeschnitzte Kanus, nebelverhangene Regenwälder und andere Elemente aus dem Leben und den Landschaften der Haida. Auch wenn Carr bis ins hohe Alter relativ unbekannt war, zählt sie in Kanada wegen ihrer Darstellungen der First Nations zu den bedeutendsten Malern des frühen 20. Jahrhunderts.

◂ Air Canada und Pacific Coastal Airlines fliegen von Vancouver zu den Inseln, Fährverbindungen (BC Ferries) gibt es von Prince Rupert.

Kamala Surayya Memorial
KAMALA DAS
Thrissur, Indien

In ihren Memoiren und Gedichten, die sie auf Englisch und Malayalam verfasste, rebellierte Kamala Das (1934–2009) gegen Normen, soziale Konventionen, häusliche Gewalt und Traditionen. Unverblümt schrieb sie über sexuelle Liebe, Lust und Ehebruch. Ihre Kritiker (meist Männer) taten ihr Talent als anzügliches Geplänkel ab, ihre Anhänger (meist Frauen) feierten sie für ihr ehrliches Porträtieren der Patriarchie. 1984 wurde Kamala Das für den Literaturnobelpreis nominiert. Fünfzehn Jahre später konvertierte sie vom Hinduismus zum Islam, sie hieß nun Kamala Surayya. Das Kamala Surayya Memorial ist ein tristes Gebäude, in dem sich die Lebendigkeit der Schriftstellerin kaum wiederfindet.

▸ Mit einem Taxi gelangt man von Kochi (Kerala) zu dem zweieinhalb Stunden entfernten Memorial in Punnayurkulam (Distrikt Thrissur).

National Jazz Museum
BILLIE HOLIDAY
Harlem, New York City, USA

Billie Holiday (1915–1959) gilt als eine der einflussreichsten Jazzsängerinnen aller Zeiten – mit samtweicher Stimme, meisterhaftem Rhythmusgefühl und einmaliger stilistischer Vortragskunst. Geboren in Baltimore, Maryland, übte sie als Heranwachsende mit den Platten der Jazzgrößen wie Louis Armstrong und Bessie Smith. Der Umzug der Familie Ende der 1920er-Jahre nach New York City war der Startschuss für ihre legendäre Gesangskarriere. In den Nightclubs von Harlem hatte „Lady Day" ihre ersten Auftritte, der Rest ist Geschichte. Es folgten Aufnahmen großer Hits wie „What a Little Moonlight Can Do", „Lover Man", „I'll Be Seeing You" und ihr erschütternder Song „Strange Fruit", den das *Time Magazine* zum Song des Jahrhunderts kürte.

Holiday hatte einen prägenden Einfluss auf den Jazz und es gibt keinen besseren Ort als das National Jazz Museum in Harlem, um etwas über ihr Vermächtnis zu erfahren. Das Museum bietet nicht nur interessante Ausstellungen, sondern auch Livemusik. Es empfiehlt sich, vor dem Besuch im Kalender zu schauen, welche Events gerade anstehen.

Um wirklich in die Geschichte des Jazz in Harlem einzutauchen, sollte man das Apollo Theater besichtigen, in dem zahlreiche Jazzgrößen auf der Bühne standen, darunter auch „Lady Day".

„Wahre Originalität besteht nicht in einer neuen Art und Weise, sondern in einer neuen Vision."

The Mount
EDITH WHARTON
Lenox, USA

Wie ihre unvergesslichen Romanfiguren wuchs auch sie im beengten Umfeld einer alten aristokratischen New Yorker Familie auf. Die gebürtige Edith Newbold Jones (1862–1937) erhielt ihre Schulbildung durch Hauslehrerinnen, unternahm mit ihrer Familie Reisen nach Europa und wurde mit 17 auf einem Debütantenball der Gesellschaft „präsentiert". Doch die kleine clevere rothaarige Edith passte nie wirklich in diese Welt – ihr erster Verlobter verließ sie wegen „vermeintlichem Übermaß an Intellektualität". Ihre Ehe mit Teddy Wharton war unglücklich und Edith wurde bald der endlosen Tennispartien und Opernabende überdrüssig. Eine Möglichkeit des Auswegs bot das von ihr 1901 errichtete Anwesen im hügeligen Westen Massachusetts. In dem Haus, das sie „The Mount" nannte, blühte sie endlich auf.

Edith widmete sich der Gestaltung und Pflege des Gartens und vor allem dem Schreiben. Ihre Romane *Das Haus der Freude* und *Ethan Frome* entstanden hier (meist im Bett). Heute kann man die seinerzeit topmodernen, mit Mitbringseln aus Europa dekorierten Räume besichtigen, durch die Gärten schlendern oder literarischen Lesungen lauschen. Ediths Träumerei währte kaum länger als ein Jahrzehnt. 1912 verkaufte Teddy das Anwesen für den Preis von heute über 4,5 Millionen Dollar. Nach der Scheidung im Folgejahr verließ Edith die USA. Sie zog nach Paris und lebte dort für den Rest ihres Lebens.

💚 The Mount liegt westlich von Boston in dem Ort Lenox, Massachusetts, in den Berkshire Mountains.

Staten Island's North Shore
AUDRE LORDE
Staten Island, New York City, USA

„Ich bin mir bewusst und fürchte mich vor nichts."

Gerade mal 25 Minuten braucht die Fähre von Manhattan nach Staten Island, und doch liegen Welten zwischen der Insel und New York City. Man kann sich gut vorstellen, wie die feministische Schriftstellerin Audre Lorde (1934–1992) aus dieser relativen Abgeschiedenheit geistige Kraft schöpfte. Einige ihrer wichtigsten Werke schrieb die Dichterin und Philosophin in ihrem Haus in 207 St Paul's Ave. Lorde formulierte wichtige Prinzipien zur Untermauerung der feministischen Theorie der Intersektionalität. Sie kämpfte für die Gleichstellung farbiger und lesbischer Frauen, die von den etablierten patriarchalischen Strukturen diskriminiert werden, und sie kritisierte weiße Feministinnen, da sie es versäumten, für alle Frauen einzutreten.

Während ihrer Zeit auf Staten Island von 1972 bis 1987 gründete sie mit der befreundeten Feministin Barbara Smith den Verlag „Kitchen Table: Women of Color Press", der feministische Anthologien und Pamphlete für farbige Aktivistinnen veröffentlichte.

Das olivgrüne Haus kann man zwar nur von außen anschauen, doch man spürt die Harmonie von Stadt und Natur, die Lorde an Staten Island so liebte und in der sie ihre revolutionären Schriften verfasste.

Um Lordes Haus zu sehen, nimmt man nach der Ankunft mit der Fähre am St George Terminal den Bus S78 bis St Paul's Ave/Paxton St.

Pacific Crest Trail
CHERYL STRAYED
Kalifornien–Washington, USA

Der Pacific Crest Trail von Mexiko bis Kanada ist ein echter Hardcore-Fernwanderweg. Ihn alleine zu gehen, noch dazu völlig unvorbereitet, trauernd und auf Entzug, ist spektakulär, heldenhaft und grenzt an Wahnsinn. Cheryl Strayed (geb. 1968) stellte sich diesem Abenteuer und teilte die Erfahrungen in ihrem bewegend und eindringlich geschriebenen Buch *Der große Trip: Tausend Meilen durch die Wildnis zu mir selbst* (später von und mit Reese Witherspoon verfilmt). Jeder Leser des Buches verbindet für immer den Trail mit Strayed und jeder Wanderer auf dem Grat der Sierra Nevada und Cascade Range fühlt sich wie sie, inklusive der Blasen an den Füßen.

Von Strayeds Empathie und Lebensweisheit profitierte außerdem ihre unverblümt-authentische Ratgeberkolumne *Dear Sugar*, die auch als Buch erschienen ist. Strayed besitzt die einzigartige Gabe, ihre eigenen prägenden Erfahrungen – aufgewachsen in zerrütteten Verhältnissen, der frühe Tod ihrer krebskranken Mutter, die eigene Scheidung – in universelle Wahrheiten zu verwandeln. Außer dem Schreiben engagiert sich Strayed feministisch und progressiv, u. a. bei der Non-Profit-Organisation „VIDA: Women in Literary Arts", die sich für die Sichtbarkeit traditionell ausgegrenzter Stimmen im Literaturbetrieb einsetzt.

📍 Von unzähligen Ausgangspunkten in Kalifornien, Oregon und Washington gelangt man hinauf zu dem Fernwanderweg Pacific Crest Trail.

Georgia O'Keeffe Museum
GEORGIA O'KEEFFE
Santa Fe, USA

Der Norden New Mexicos weiß seine Besucher zu verzaubern. Ein kurzer Halt für einen Chili-Cheeseburger und schon will man ein Adobe-Haus kaufen. Das magische Licht ist es, der besondere Himmel, der Duft nach Wacholder und Salbei und Pinyon-Kiefern. So ging es wohl auch der Malerin Georgia O'Keeffe (1887–1986), die bis Ende der 1920er-Jahre vor allem Hochhäuser und Blumen malte, bis zu ihrem Besuch in Taos. Sie kam jedes Jahr wieder, wanderte durch die Canyons, silbernen Tafelberge und Jemez Mountains, sammelte glatte Steine und sonnengebleichte Rinderschädel. In Abiquiú am Chama River, einem kleinen Dorf, kaufte sie ein Haus und die Ghost Ranch. „Ich kann nur sagen: Hier ist für mich der einzige Ort", schrieb sie ihrer Schwester. New Mexico inspirierte sie, bis sie mit 98 Jahren

in Santa Fe starb. Das dortige Museum, ein weitläufiger Adobe-Lehmbau neben dem zentralen Platz, beherbergt in zehn Galerien die weltweit größte O'Keeffe-Sammlung. Strahlende Leinwände zeigen verschwommene Baumwollbäume, abstrakt vergrößerte Wüstenblumen, geschwungene Tafelberge, blaugrünen Salbei. Wer ihr Privathaus in Abiquiú sehen will, eine Stunde nördlich, sollte vorab reservieren. Übrigens war es ihr Ehemann, der Fotograf Alfred Stieglitz, der in typisch männlicher Manier verkündete, O'Keeffes Blumenbilder stellten weibliche Genitalien dar. O'Keeffe verwahrte sich 60 Jahre lang dagegen, doch diese Interpretation blieb in der Öffentlichkeit haften. Dass ihre Beziehung problematisch war, muss nicht extra erwähnt werden. Vielleicht ist es an der Zeit, dass die Künstlerin das letzte Wort hat, wenn es um ihr eigenes Werk geht.

📍 Das Museum liegt in Santa Fe. Der Besuch lässt sich mit der Ghost Ranch verbinden (Bild oben), nahe von O'Keeffes Haus in Abiquiú.

St Thomas Churchyard
SYLVIA PLATH
Heptonstall, England

„Ich holte tief Luft und lauschte dem Prahlen meines Herzens. Ich bin, ich bin, ich bin." – *Die Glasglocke*

Lange vor ihrem Tod war Sylvia Plath (1932–1963) schon vom Sterben besessen. Ihre Gedichte sind zornige Bilder von Nazi-Gaskammern, Höllenfeuern, gebrechlichen Körpern oder einem erbarmungslosen Gott. Nach mehreren Suizidversuchen gelang ihr mit 30 Jahren der Selbstmord. Ihre Dichterfreundin Anne Sexton erinnert sich daran, wie sie sich „über den Tod mit einer brennenden Intensität" unterhielten, „angezogen wie Motten vom Licht".

Ein Besuch von Plaths Grab auf dem St Thomas' Churchyard in Heptonstall, West Yorkshire, mag makaber wirken, ist aber durchaus angemessen. Die gebürtige Amerikanerin lebte später überwiegend in Großbritannien. Sie heiratete Ted Hughes, einen Mann aus Yorkshire mit harten Gesichtszügen, der selbst wortgewaltige Gedichte zu Themen wie Falken und Hochmoore verfasste. Er war physisch und emotional gewalttätig und verließ Plath für eine andere Frau, die später ebenfalls den Freitod wählte.

Seit ihrem Tod im Jahr 1963 haben Anhänger von Plath immer wieder versucht, den Namen „Hughes" aus dem Grabstein zu schlagen. Man legt ihr besser eine Blume aufs Grab und erhebt danach im örtlichen Pub das Glas auf die talentierte Dichterin.

📍 Heptonstall liegt in Nordengland, auf etwa halber Höhe zwischen Manchester und Leeds.

Lahore High Court

ISMAT CHUGHTAI

Lahore, Pakistan

Ihre Kurzgeschichte *Lihāf (Die Steppdecke),* auf Urdu geschrieben, schildert unzweideutig eine lesbische Beziehung und machte Ismat Chughtai (1915–1991) auf einen Schlag berühmt. Chughtai löste damit einen Skandal aus und wurde zur Zielscheibe für Schmäh- und Hassbriefe sowie zahlreiche Verleumdungen. Am Ende musste sich Chughtai gegen den Vorwurf der Obszönität vor dem Obersten Gericht von Lahore verantworten.

Es mag wohl schlimmere Orte geben als das Oberste Gericht von Lahore. Das 1882 erbaute und mehrfach erweiterte Gebäude ist ein Schmuckstück der Kolonialarchitektur, wenngleich bekannt dafür, dass man sich darin schnell verirrt. Als hätte sie sich fast darauf gefreut, notierte Chughtai heiter in ihrem Essay *In the Name of Those Married Women*: „Alle sagten, wir erhielten nur eine Geldstrafe und kämen nicht ins Gefängnis. Daher waren wir ziemlich aufgeregt und ließen uns für den Aufenthalt in Lahore warme gesteppte Kleider nähen."

Nach ihrem Ärger mit den Gesetzeshütern wurde Chughtai zu einer der großen Urdu-Erzählerinnen. Sie schrieb Kurzgeschichten und Drehbücher und nahm den prestigeträchtigen Padma-Shri-Preis der indischen Regierung für ihre herausragende schriftstellerische Leistung in Empfang.

♦ Der Oberste Gerichtshof liegt in der Mall Road, auf dem Bild unten von dem Lahore Fort aus gesehen.

Anne Frank Haus
ANNE FRANK
Amsterdam, Niederlande

„Wie schön ist es, dass man nicht eine Sekunde warten muss, um damit zu beginnen, die Welt zu verbessern."

Anne Frank (1929–1945) wurde erst nach ihrem tragischen Tod berühmt, doch ihr Tagebuch gilt als große literarische Leistung. Die Aufzeichnungen, die Anne 1942 im jungen Alter von 13 Jahren in ihrem Versteck im Hinterhaus begann, zeugen von einer außergewöhnlich großen stilistischen Reife und illustrieren das leidenschaftliche Ziel eines Mädchens, das später nicht nur Ehefrau und Mutter sein wollte. In dem berührenden Tagebuch schildert Anne den beengten Aufenthalt zusammen mit Mutter, Vater, Schwester und vier weiteren Personen im extrem beengten Achterhuis, das ihnen als Versteck diente, bis sie 1944 von der Gestapo entdeckt und in Konzentrationslager verschleppt wurden. Dort starb Anne unter schrecklichen Bedingungen, wenige Monate vor Ende des Zweiten Weltkriegs.

Anhand von Tagebuchauszügen und Fotos rekonstruiert das informative Museum in würdevoller Art und Weise Annes Alltag in dem Versteck im Hinterhaus. Dass sich die Familie in eben diesen Museumsräumen verborgen hielt, macht die Ausstellung umso eindrücklicher.

📍 Die Tram 13 und Tram 17 halten am Westermarkt; von hier sind es nur noch wenige Schritte zum Anne Frank Haus.

„Letzten Endes ist die Freundschaft der einzig verlässliche Stoff aller Zuneigungen."

Brindabella Station
MILES FRANKLIN
Brindabella, Australien

Die australische Schriftstellerin und Feministin Stella Maria Sarah Miles Franklin, kurz Miles Franklin (1879–1954), schrieb 1901 mit *My Brilliant Career* einen essenziellen Coming-of-Age-Roman über Australien, der das klassische Dilemma junger Frauen ausleuchtet: romantische Liebe und Heirat versus berufliche Verwirklichung und Karriere.

Ihr Debütroman wurde auf Anhieb zum Bestseller und katapultierte die junge Franklin in die literarischen und politischen Salons von Sydney. Doch anschließende Erfolge blieben aus und Franklin zog nach Chicago, wo sie für die Frauengewerkschaft National Women's Trade Union League tätig war. In weiteren Romanen widmete sie sich verstärkt den Frauenrechten und Einschränkungen als Mutter. Später arbeitete Franklin als Journalistin in London und beteiligte sich im Ersten Weltkrieg als Freiwillige an einem Kriegseinsatz in Griechenland.

Franklin hatte viele Verehrer, heiratete aber nie. Zeitlebens setzte sie sich für die australische Literatur und Schriftsteller ein. Für nach ihrem Tod verfügte sie die jährliche Verleihung des Miles Franklin Award für ein herausragendes Buch über australisches Leben, der aus ihrem Nachlass finanziert wird. Seit 2013 ist mit dem Stella Prize, der australische Autorinnen würdigt, ein zweiter bedeutender Literaturpreis in Australien nach ihr benannt.

Heute darf man auf der Brindabella Station übernachten, am Ort ihrer Kindheit und Schauplatz ihres autobiografischen Werkes *Childhood at Brindabella*. Die Farm liegt in der Bergregion Snowy Mountains, etwa eine Stunde mit dem Auto von Canberra.

💡 Wer Franklins Heimat besuchen will, kann sich mit der Verfilmung ihres Romans *Meine brillante Karriere* von 1979 gut darauf einstimmen.

Zora Neale Hurston National Museum of Fine Arts
ZORA NEALE HURSTON
Eatonville, USA

In ihren Werken sind eine große Sprachgewandtheit mit tiefem menschlichen Verständnis verwoben. Die Schriftstellerin Zora Neale Hurston (1891–1960), eine Akteurin der Harlem-Renaissance-Bewegung, starb verarmt und wenig beachtet. Erst Ende des 20. Jahrhunderts wurde sie als eine der herausragenden Chronisten afroamerikanischer Frauen wiederentdeckt. Zu Hurstons bekanntesten Werken gehören der Roman *Vor ihren Augen sahen sie Gott* und die Autobiografie *Ich mag mich, wenn ich lache*.

📍 Hurston kam aus Eatonville, Florida, der ersten Stadt in den USA, die nur von Schwarzen verwaltet war. Im Zora Neale Hurston Museum of Fine Arts erhält man Stadtpläne für eine Besichtigungstour.

Marianne North Tree
MARIANNE NORTH
Warren-Nationalpark, Australien

In den abgelegenen Wäldern Westaustraliens gedeihen riesige Eukalyptusbäume mit poetischen Namen wie Karri, Marri, Jarrah oder Tingle. Heute fährt man dort auf Schotterpisten oder läuft auf gewundenen, schön angelegten Wanderpfaden. So bequem war es damals nicht, als die brillante botanische Künstlerin Marianne North (1830–1890) auf Anraten ihres Freundes Charles Darwin diese Region aufsuchte und während ihrer Reise per Schiff, Pferd, Wagen und zu Fuß ihre Eindrücke bildlich festhielt. Ein berühmtes Werk zeigt einen riesigen Karribaum mit knorrigem Auswuchs, den North mit typischer Präzision zeichnete. Dieser ehrwürdige Baum, der die Zeiten der Abholzung überlebt hat, heißt heute Marianne North Tree und steht im Warren-Nationalpark bei Pemberton unter Schutz.

📍 Ihre Kunstwerke sind in der Marianne North Gallery in den Royal Botanic Gardens in Kew, London, in einer Dauerausstellung zu sehen.

Alice Austen House
ALICE AUSTEN
Staten Island, New York City, USA

Wie ein hübsches Puppenhaus wirkt Clear Comfort, das einstige Wohnhaus der Fotografin Alice Austen (1866–1952), das in Staten Island vom Ufer nach Brooklyn hinüberblickt. Das hübsche Fleckchen Land steht heute als öffentlicher Park von New York City unter Denkmalschutz und Austens Haus wurde in ein spannendes Museum verwandelt, das sich ihrer Biografie und ihrem Werk widmet.

Im Inneren des Museums sind Fotografien aus Austens bemerkenswerter Karriere zu sehen: Die Fotojournalistin fertigte insgesamt über 8 000 Fotografien an, von denen knapp die Hälfte erhalten blieben. Immer und immer wieder dokumentierte Austen die Frauen – beim Sport, beim Schreiben oder auf einer Chaiselongue liegend, mit Zigarette oder Weinglas zwischen den Fingern. Für Austen repräsentierten sie das „Larky Life" – die unbeschwerte Lebensart, die es den Frauen erlaubte, entgegen der etablierten viktorianischen Konventionen ihre Talente frei zu entfalten.

Das Museum offenbart nicht nur Austens umfangreiches Werk, sondern gewährt einen intimen Blick auf ihr Leben an der Seite ihrer langjährigen Partnerin Gertrude, mit vielen Gegenständen aus der ganzen Welt, die sie gemeinsam gesammelt hatten.

Trotz ihrer Arthritis im fortgeschrittenen Alter war und blieb Austen eine leidenschaftliche Gärtnerin. Vielleicht sind aus diesem Grund die Landschaftsgärten, die Austen auch gerne für Fotoshootings nutzte, bis heute so makellos gepflegt.

Zu Austens ehemaligem Wohnhaus und heutigem Museum gelangt man mit dem Bus S 51 oder S 81 ab dem Fähranleger St George.

Brontë Parsonage Museum

DIE BRONTË-SCHWESTERN

Haworth, England

Das Elternhaus der drei Schwestern Charlotte (1816–1855), Emily (1818–1848) und Anne (1820–1849), deren Werke für die englische Literatur richtungsweisend waren, ist heute mehr als bloß das frühere Wohnhaus von Autorinnen. Die Museumräume stecken voller persönlicher Gegenstände der Familie Brontë und gewähren beispiellose Einblicke in ihr Leben. Das schöne Haus in Haworth, einem Dorf in West Yorkshire, liegt inmitten einer Moorlandschaft, die ihnen als unerschöpfliche Quelle der Inspiration für ihre Werke diente. Hier verbrachten die drei Schwestern die meiste Zeit ihres Lebens und schrieben. Fast alle ihre Bücher entstanden hier, etwa Charlottes komplexer Roman *Villette*, Emilys tragisch-romantischer Klassiker *Sturmhöhe* oder auch *Die Herrin von Wildfell Hall* von Anne, der als einer der ersten feministischen Romane gilt. Die Brontë-Schwestern prägten auf vielfältige Weise die Entwicklung der Literatur und veränderten mit ihren willensstarken Protagonistinnen, die in der Regel den Männern im Denken, Handeln und Taktieren überlegen waren, nicht zuletzt auch die gesellschaftliche Wahrnehmung der Frauen.

Ein Streifzug durch das Brontë Parsonage Museum, in dessen Wänden der literarische Eifer der drei Schwestern bis heute zu spüren ist, bringt die drei Frauen aber nicht nur schriftstellerisch, sondern auch menschlich näher. Die umfassende Brontë-Werksammlung wird von der Brontë Society unterhalten, einer der ältesten literarischen Gesellschaften der englischsprachigen Welt, und ist von internationaler Bedeutung.

Der Brontë-Bus verbindet Haworth mit den Ortschaften Keighley und Hebden Bridge, die beide einen Bahnhof haben. Fans des Romans *Sturmhöhe* sollten auf Top Withens hinaufwandern (S. 85).

Dimbola Lodge
JULIA MARGARET CAMERON
Isle of Wight, England

Die Dimbola Lodge, das Zuhause von Julia Margaret Cameron (1815–1879), widmet sich heute als Museum und Galerie dem Lebenswerk der viktorianischen Fotografin, einer Pionierin und Meisterin der „schwarzen Kunst". Cameron hantierte mit gefährlichen Chemikalien und sah die Fotografie als Kunstform an, womit sie die damaligen Konventionen auf den Kopf stellte. Ihre Experimente mit Bildschärfe und -komposition brachten einige der schönsten Porträts der Epoche hervor. Cameron machte Dimbola Lodge zum innovativen Zentrum und Treffpunkt der als Freshwater Circle bekannten Künstlergruppe.

📍 Der Island Bus Nr. 12 und FYT-Busse halten unweit der Dimbola Logde, davor steht unübersehbar groß eine Jimi-Hendrix-Statue.

Amphlett Lane
CHRISSY AMPHLETT
Melbourne, Australien

Chrissy Amphlett (1959–2013), australische Rock-Queen der 1980er und Frontfrau der Rockband Divinyls, die sie mit einem Gitarristen gründete, ließ sogar die Punkgöttin Deborah Harry wie ein *Cosmopolitan*-Covergirl aussehen. Chrissy war derber – mit Schmollmund, Power, Verletzlichkeit und obszön-erotischen Songtexten. Geboren in der Hafenstadt Geelong, lebte Amphlett viele Jahre in Melbourne, wo man eine Straße nach ihr benannte, Amphlett Lane, passend zu der Street Art und den lauschigen Bars des Viertels. 2013 starb Chrissy an Brustkrebs. Mit der Coverversion ihres Hits „I Touch Myself" ermutigt die Krebsstiftung Cancer Council Frauen, sich regelmäßig die Brust zu untersuchen.

📍 Das nahe gelegene John Curtain Hotel ist ein beliebter Veranstaltungsort in Melbourne für die nachfolgende Oz-Rock-Generation.

Princeton University Firestone Library
TONI MORRISON
Princeton, USA

„Wenn es ein Buch gibt, das du lesen willst, aber es ist noch nicht geschrieben worden, dann musst du es schreiben."

Sie gewann den Pulitzerpreis und erhielt als erste schwarze Frau den Nobelpreis für Literatur. Die Schriftstellerin und Professorin Toni Morrison (1931–2019) wird als eine der bedeutendsten Stimmen des 20. und 21. Jahrhunderts angesehen. Morrison erörtert in ihren Romanen wie *Sehr blaue Augen, Solomons Lied* und *Menschenkind* die Erfahrungen von Afroamerikanern. Nuancenreich und mit kunstvoller, alltagsnaher Sprache verknüpft sie Fiktion und Poesie. Ihr Werk wurde verfilmt (*Menschenkind,* 1998) und auf die Opernbühne gebracht (*Margaret Garner,* 2007). Ihre Worte sind in das National Memorial for Peace and Justice eingraviert, das in Montgomery den Opfern der rassistischen Lynchjustiz in den USA gedenkt. Lesefreudige werden sich mit Begeisterung auf die Spuren der Schriftstellerin und Unidozentin begeben. Idealerweise beginnt man mit dem Dokumentarfilm *The Pieces I Am* und besichtigt anschließend die Universitäten Howard und Cornell, an denen Morrison studierte. Der Höhepunkt sind Morrisons Originalschriften, die in der Princeton Univerity zu sehen sind, an der sie den Lehrstuhl für Geisteswissenschaften innehatte. Die dortige Morrison Hall ist nach ihr benannt.

● Von Princeton aus lohnt sich ein kurzer Abstecher nach New York City, um in einer der vielen renommierten Buchhandlungen zu stöbern oder Schauplätze von Lieblingsbüchern auszukundschaften.

Heydar-Aliyev-Zentrum
ZAHA HADID
Baku, Aserbaidschan

In hypnotisierenden Wellen hebt sich das Heydar-Aliyev-Zentrum empor, das nach seiner Eröffnung 2012 in Baku schnell den Ruf als eines der schönsten Gebäude der Welt erwarb. Der Entwurf stammt von der irakisch-britischen Architektin Zaha Hadid (1950–2016). Der Kulturbau liegt auf einem großen Platz und beherbergt drei Auditorien, ein Museum, eine Bücherei und ein Ausstellungszentrum. Das avantgardistische Design ist charakteristisch für die stilprägende Linienführung der Künstlerin Hadid, die sich jeder Konvention oder Kategorisierung entzog und mit ihren innovativen Kreationen der traditionellen Baugeometrie widersetzte. Ihre architektonische Formsprache mit fließenden, organischen Kurven lassen eine Vielzahl an Perspektiven zu. Eines ihrer Glanzstücke ist das Heydar-Aliyev-Zentrum mit seiner geschwungenen Außenfassade, dessen dynamisch-geschmeidige Wellenform man bei einem Spaziergang um das Gebäude herum auf sich wirken lassen kann.

Hadid, die für ihre kühnen Aussagen zur Architektur bekannt war, zählt zu den führenden Architekten ihrer Generation. „Ich werde mir nie den Luxus leisten zu denken: Jetzt hab ich's geschafft", sagte sie noch, als sie bereits weltweite Berühmtheit erlangte. Als Frau in der ewig männlichen Architektenwelt empfand sie sich stets in einer schwachen Position: „Du bleibst in der Architektur immer Außenseiterin." Doch sie erhielt als erste Frau den Pritzker-Architekturpreis, der als Nobelpreis für Architektur gilt, und wurde als erste Frau mit der Goldmedaille des Royal Institute of British Architects ausgezeichnet. Außerdem erhielt Hadid gleich zwei Mal den begehrten britischen Stirling-Preis. Heute führt ihr Architekturbüro posthum ihre nnovativen Projekte fort.

Mit der roten U-Bahn-Linie fährt man zur U-Bahn-Station Nariman Narimanov, von dort sind es 15 Minuten zu Fuß ins Zentrum von Baku.

Willa Cather Memorial Prairie
WILLA CATHER
Red Cloud, USA

„Als ich mich umsah, konnte ich spüren, dass das Gras eins mit dem Land war, so wie das Wasser eins mit dem Meer ist", sagt der Erzähler in *Meine Antonia* von Willa Cather (1873–1947). Es ist der erfolgreichste Roman ihrer Prärie-Trilogie. Cathers Erzählungen über Siedler und Einwanderer, die das unwirtliche Land urbar machen, erwecken die weiten Ebenen im amerikanischen Westen zum Leben.

Ein beinahe 250 Hektar großes, naturbelassenes Stück Prärie mit Wiesenlerchen und Präriehühnern in Red Cloud, Nebraska, wo Cather aufwuchs, ist heute eine Gedenkstätte für die Autorin.

⬅ Die Gedenkstätte Willa Cather Memorial Prairie liegt in Red Cloud, südlich von Lincoln, der Hauptstadt Nebraskas.

Blasket Islands
PEIG SAYERS
County Kerry, Irland

Die wilde, windgepeitschte Inselgruppe Blasket Islands, deren letzten 22 Bewohner 1953 auf das Festland umgesiedelt wurden, liegt einsam vor der Küste von Kerry. Peig Sayers (1873–1958) war eine lokale traditionelle Geschichtenerzählerin (seanchaí), die der harten Realität des Insellebens und den brutalen Schicksalsschlägen zur Unsterblichkeit verhalf. Sie konnte nicht schreiben, sondern diktierte ihrem Sohn Mícheál ihre Autobiografie, die 1936 unter dem schlichten Titel *Peig* veröffentlicht wurde. Ihre erbarmungslosen Geschichten sind ein Klassiker der literarischen irischen Renaissance.

➡ Von Ostern bis Oktober gibt es Fährverbindungen von Ventry, Duquin und Dingle hinüber zur Hauptinsel Great Blasket.

Café de Flore
SIMONE DE BEAUVOIR
Paris, Frankreich

Unter dem Terrassenvordach des Café de Flore schieben die Einheimischen und Touristen Rattanstühle übers Pflaster und knabbern in der Sonne an ihren Pains aux raisins, den Rosinenschnecken. Im Inneren sitzen die Gäste vor ihrem Espresso, dem Glas Chablis oder Champagner mit einem Schuss Grand Marnier. So oder ähnlich war es schon, als die Feministin und Philosophin Simone de Beauvoir (1908–1986) dort ein- und ausging. Das Café war einer ihrer Lieblingsorte zum Schreiben, Trinken und für ihre intellektuellen Gespräche mit Jean-Paul Sartre, dem Lebensgefährten von de Beauvoir.

Ihre philosophischen Essays über die Freiheit des Individuums erhitzten viele Gemüter, ihre Romane entlarvten die Wirren romantischer Beziehungen und schmerzlicher Enttäuschungen. Auch wer ihre Bücher nicht gelesen hat, kennt vielleicht das Zitat aus ihrem Roman *Das andere Geschlecht*: „Man kommt nicht als Frau zur Welt, man wird es." In der Tat ist die Diskussion darüber, ob Geschlechterrollen stärker von sozialer Konditionierung als von Genen geprägt sind, heute mehr denn je aktuell. Viele Ideen formulierte Simone de Beauvoir im Café de Flore, das sie gewöhnlich allmorgendlich mit Sartre aufsuchte, um dort den Tag über zu schreiben. De Beauvoir lebte die Freiheiten, für die sie in ihren Werken plädierte, und blieb entgegen der gesellschaftlichen Erwartungen unverheiratet und kinderlos. Trotz ihrer engen emotionalen Beziehung gestanden sich Sartre und de Beauvoir andere Affären zu. De Beauvoirs scharfer Intellekt und ihr Talent, menschliche Erfahrungen in direkte, wenngleich abgemilderte Prosa zu verwandeln, zeichnen sie als eine der großen Schriftstellerinnen Frankreichs aus. Unter anderem ihretwegen ist das legendäre Art-Déco-Café heute ein Besuchermagnet.

© Petr Kovalenkov / Shutterstock

Von der Metro-Station Staint-Germain-des-Prés (Linie 4) sind es nur noch wenige Schritte zum Café de Flore.

> „Ich sammle Gefühle, Gedanken, Worte des Alltags. Ich versuche das Seelenleben einzufangen."

Sperrzone von Tschernobyl

SWETLANA ALEXIJEWITSCH

Prypjat, Ukraine

1986 ließen im Anschluss an die Reaktorkatastrophe die Bewohner ihre Städte und Dörfer zurück, doch nun, Jahrzehnte später, kommen Touristen nach Tschernobyl bzw. Tschornobyl, wie es dort heißt. Die US-amerikanisch-britische Fernsehserie *Chernobyl* hat bei einigen das Interesse an dieser Geisterlandschaft mit ihren verfallenen, überwucherten Gebäuden geweckt. Fans der Schriftstellerin Swetlana Alexijewitsch (geb. 1948) zieht es hingegen nach Prypjat. Die verlassene Stadt ist Schauplatz vieler einfühlsamer Interviews, die Alexijewitsch mit Feuerwehrleuten, Ärzten, Liquidatoren und Anwohnern führte und die dem Leser die Tragödie auf sehr eindringliche Weise näherbringen. In ihrem außergewöhnlichen Werk, für das sie 2015 den Literaturnobelpreis erhielt, verwandelt die weißrussische Autorin die Berichte von Augenzeugen der jüngeren Sowjetgeschichte in Kunst und erschafft eine ganz eigene Form der Dokumentarliteratur. Jedes ihrer Bücher zeugt von Alexijewitschs starkem Interesse an menschlichem Leid und ihrem Bestreben, authentische Lebenserfahrungen über den Idealismus zu stellen.

💧 Wer in der früheren Sowjetunion unterwegs ist, dem seien die beiden Bücher *Secondhand-Zeit* und *Der Krieg hat kein weibliches Gesicht* als Reiselektüre ans Herz gelegt.

Little House Wayside
LAURA INGALLS WILDER
Pepin, USA

Am liebsten möchte man im Pferdewagen zu dem Haus in Pepin, Wisconsin, reisen, dem Schauplatz einer autobiografischen Buchreihe von Laura Ingalls Wilder (1867–1957), die mit der US-Fernsehserie „Unsere kleine Farm" erfolgreich verfilmt wurde. Die reizende Nachbildung des Hauses vermittelt an der Originalstelle einen Eindruck davon, wie es in Lauras Geburtsjahr 1867 ausgesehen haben muss.

Im Mittleren Westen der USA gedenken etliche Orte der Schriftstellerin, jeder auf seine Art. Doch das kleine Blockhaus am Wegrand, Little House Wayside, ist der Punkt, an dem alles begann. Treue Leserinnen schließen ihre Augen und rufen sich die nostalgischen Szenen mit Pa und Ma ins Gedächtnis, die als Pioniere in dem damaligen Grenzgebiet mit viel Fleiß und Mühen ihre Töchter großzogen.

● Im Örtchen Pepin werden jedes Jahr im September zu ihrem (nicht unumstrittenen) Gedenken die „Laura Ingalls Wilder Days" veranstaltet.

© John D. Ivanko / Alamy Stock Photo

KÜNSTLERINNEN

Farley Farm House
LEE MILLER
Sussex, England

Für leidenschaftliche Fotografinnen ist Lee Miller (1907–1977) ein wahres Vorbild. Sie war Fotomodell für *Vogue* und dann die Muse und Mitarbeiterin von Man Ray, bevor sie selbst zur Fotografin wurde. Im Zweiten Weltkrieg erlebte sie als Kriegsfotografin der US-Truppen die Befreiung des KZ in Dachau, dessen Gestank sie ihr Leben lang verfolgte, wie sie sagte. Nach dem Krieg zog sie sich aufs Land in das Farley Farm House in Sussex zurück. Picasso, Joan Miró und Max Ernst (der ihr im Garten half) waren ihre Gäste, sie wurde eine ausgezeichnete Köchin. Millers Besucher schenkten ihr oft Skizzen oder Gemälde, die zum Teil noch immer die bunten Wände des heutigen Museums und Lee-Miller-Archivs zieren.

← Wer kein Auto hat, nimmt den Zug nach Lewes und fährt von dort mit dem Fahrrad in etwa einer Stunde zu dem Farley Farm House.

Ingrid Jonker Memorial
INGRID JONKER
Gordon's Bay, Südafrika

Eine Metallskulptur mit Kindersandalen, die am Lenker eines Dreirads baumeln, erinnert an die südafrikanische Dichterin Ingrid Jonker (1933–1965) am Strand von Gordon's Bay, dem Ort ihrer Kindheit. Im Betonsockel liest man einige Zeilen auf Afrikaans aus ihrem Gedicht *Das Kind, das von Soldaten in Nyanga erschossen wurde*. Sie schrieb es 1960 als Reaktion auf die brutale Polizeigewalt im Kapstadter Township Nyanga bei den Anti-Apartheit-Protesten, die zum Massaker von Sharpeville führten. Jonkers kurzes, bewegtes Leben (das im Film *Black Butterflies* verewigt ist) endete mit Selbstmord. Drei Jahrzehnte später verlas Nelson Mandela *Das Kind* bei seiner ersten Rede vor dem neuen Parlament Südafrikas.

➡ Über Gordon's Bay führt eine der schönsten Küstenstraßen der Welt, die Route 44, am östlichen Ufer der False Bay entlang.

„Es gibt so viele Arten von Frauen, wie es Frauen gibt." – *Die Geschichte vom Prinzen Genji*

Kiyomizu-dera
MURASAKI SHIKIBU
Kyōto, Japan

Murasaki Shikibu (geb. um 978) vollendete etwa im Jahr 1012 mit *Die Geschichte vom Prinzen Genji* einen der ersten Romane der Welt. In der privilegierten Position als Hofdame der Kaiserin schrieb sie ihre epische Erzählung in der japanischen Silbenschrift Kana und nicht in chinesischen Schriftzeichen, die männliche Beamten nutzten, was darauf hindeutet, dass sie ihren Roman vorwiegend an die weibliche Leserschaft richtete. Darin begleitet sie Prinz Genji, den Lieblingssohn am kaiserlichen Hofe, bei seinen zahllosen amourösen Streifzügen durch Kyōto, die Hauptstadt in der Heian-Zeit, während er sich auf Feierlichkeiten vergnügte, potenzielle Geliebte umwarb und Tempel besuchte – allesamt Staatsrituale, die der Autorin sehr vertraut waren.

Einer der Tempel war Kiyomizu-dera im hügeligen Stadtbezirk Higashiyama, im Jahre 798 erbaut, den der fiktive Genji wie auch seine Schöpferin sehr gut kannten. Die 1633 rekonstruierte Tempelanlage gehört zu den berühmtesten Sehenswürdigkeiten von Kyōto. Auch wenn die Stadt hinter jeder Ecke reizvolle Hinweise auf das Japan der Heian-Zeit eines Genji oder einer Murasaki Shikibu bereithält, die allen Naturkatastrophen zum Trotz immer wieder neu errichtet wurden – in Kiyomizu-dera hat man die seltene Chance, einen Blick auf eine heilige Stätte zu werfen, zu der die Bewohner Kyōtos seit über eintausend Jahren hinaufpilgern.

📍 Nur wirklich ambitionierten Lesern gelingt die Lektüre des ersten Romans der Welt, *Die Geschichte vom Prinzen Genji*, der mehr als 1 000 Seiten lang ist.

Boston Women's Memorial
PHILLIS WHEATLEY
Boston, USA

Ihr Lebensweg war alles andere als der einer typischen Sklavin. Phillis Wheatley (um 1753–1784), eine der größten Dichterinnen ihres Jahrhunderts in Amerika, wurde in der Region Senegambia geboren, versklavt und in die amerikanischen Kolonien verschleppt. Bei ihrer Ankunft in Boston 1761 kaufte die Familie Wheatley das Mädchen für wenig Geld als Dienstmädchen. Sie nannten sie Phillis, nach dem Sklavenschiff, auf dem sie gekommen war. Die Wheatleys sorgten dafür, dass Phillis Unterricht im Lesen erhielt, was unüblich war. Griechisch und Latein fielen ihr offensichtlich sehr leicht, sie studierte die Bibel und den britischen Literaturkanon, beschäftigte sich mit Geschichte, Geografie und Astronomie und träumte von einem akademischeren Umfeld. Ungeachtet dessen entließen die Wheatleys sie erst 1773, kurz vor dem Tod der Hausherrin Susanna Wheatley, in die Freiheit.

Als jugendliche Sklavin schrieb sie erste Gedichte und stellte später auf einer Reise durch England ihre Werke vor. Abolitionisten und Prominente wie John Hancock bürgten für Phillis als tatsächliche Urheberin der im klassischen Stil gehaltenen Gedichte, die von biblisch-elegischen Bildern und Formen inspiriert waren. Ihre Sammlung *Poems on Various Subjects, Religious and Moral* war 1773 das erste gedruckte Werk eines Afroamerikaners in Amerika. Phillis wurde beidseits des Atlantiks berühmt, konnte aber kaum ihren Lebensunterhalt bestreiten, da ihr die Wheatleys nach deren Tod nichts vermacht hatten. Sie starb schon mit 31 Jahren im Wochenbett. Tief in Gedanken versunken lehnt ihre Skulptur, eine der drei Frauenstatuen des Boston Women's Memorial, am steinernen Sockel.

📍 Auch Abigail Adams und Lucy Stone werden hier geehrt.

Museo Deleddiano
GRAZIA DELEDDA
Sardinien, Italien

Wie zu ihrer Zeit üblich, ging die sardische Autorin und Nobelpreisträgerin Grazia Deledda (1871–1936) nur vier Jahre zur Schule. Sie begann sehr früh zu schreiben, trotz aller Hindernisse, die sich ihr als Frau in diesem Metier entgegenstellten. In Nuoro, einer Stadt im Herzen der Gebirgsregion Barbagia auf Sardinien, erblickte Deledda das Licht der Welt. Die rauen Landschaften ihrer Heimat wurden zur Metapher und Kulisse ihrer dramatischen Erzählungen, Romane, Theaterstücke und Gedichte. Bereits zu Lebzeiten erwarb sich die produktive Autorin den Ruf als führende Vertreterin des Verismo, einer literarischen Strömung ähnlich dem Realismus bzw. Naturalismus in Italien, und erhielt 1926 den Nobelpreis für Literatur – als erste Italienerin.

Ihr Geburtshaus in Nuoro, in dem Deledda bis zu dem Tag ihrer Heirat im Jahr 1900 lebte, ist ihr heute als Museum gewidmet. Viele Antikmöbel, auch ihr Schreibtisch, füllen das schlichte dreistöckige Steingebäude, das den Besucher in die Vergangenheit entführt. Man sieht in den winzigen Innenhof, in dem sie als Kind spielte, und vertieft sich in die Fotosammlung, Zeitdokumente, Manuskripte und persönlichen Besitztümer der Schriftstellerin.

● Bei der Gelegenheit sollte man ihrem Grab an der nahen Chiesa della Madonna della Solitudine am Ortsrand von Nuoro die Ehre erweisen.

Skala Eresou
SAPPHO
Lesbos (Mytilini), Griechenland

Nur fragmentarisch ist das Werk der antiken griechischen Dichterin Sappho (gest. um 570 v. Chr.) von der Insel Lesbos erhalten. Ihre Lyrik, die häufig von tiefen Leidenschaften und erotischen Betrachtungen anderer Frauen handelt, wurde oft von einer Person gesungen und von einer Leier begleitet. Bis auf einige Schriften des 6. Jahrhunderts v. Chr. finden sich nur wenige Zeugnisse über Sapphos Leben. Sie leitete eine Akademie, in der sie unverheiratete junge Frauen unterrichtete, die sich dem Kult von Eros und Aphrodite widmeten. Bis heute erfreut sich Sappho von Lesbos großer Beliebtheit, vielleicht auch in ihrer Rolle als indirekte Namensgeberin für Lesben. In ihrem Geburtsort Skala Eresou wird im Übrigen auch eines der besten Olivenöle und der beste Ouzo produziert.

Die Neuinterpretation ihres Werkes *If not, winter. Fragments of Sappho* aus dem Jahr 2003 von der modernen kanadischen Dichterin Anne Carson veröffentlicht, ist ein guter Ausgangspunkt, um sich der Lyrik der antiken griechischen Dichterin zu nähern.

„Die Wahrheit ist nicht immer schön, aber der Hunger nach ihr ist es."

Constitution Hill
NADINE GORDIMER
Johannesburg, Südafrika

Als 1991 Nadine Gordimer (1923–2014) als erste Südafrikanerin und erste Frau seit 25 Jahren den Literaturnobelpreis empfing, plädierte die 68-Jährige in ihrer Rede für weitere Wirtschaftssanktionen gegen Südafrika. Dies war bezeichnend für Gordimer, die konsequent mit Worten und Taten gegen die Apartheid eintrat und sich öffentlich zu Nelson Mandelas ANC (African National Congress) und weitere im repressiven Apartheidregime verbotene Organisationen bekannte. Gordimer publizierte sogar Mandelas Verteidigungsrede „I am prepared to die". Aus ihren Büchern habe er im Gefängnis „viel über die Sensibilität der weißen Liberalen gelernt", sagte der spätere Präsident.

Doch Gordimer war mehr als nur eine Protestautorin. Sie beleuchtete sämtliche Nuancen und Neurosen einer rassistisch gespaltenen Gesellschaft, wobei sie den kritischen Fokus sowohl auf die Brutalität des Rassismus als auch auf die Scheinheiligkeit der Liberalen richtete. Wie Toni Morrison und Alice Walker gelang es ihr, Persönliches mit Politischem zu verschmelzen. Zu ihren bekanntesten Romanen gehören u. a. *July's Leute* und *Burgers Tochter*, beide geschrieben nach dem Soweto-Aufstand 1976, und *Der Besitzer*, der Gordimer 1974 den Booker Prize einbrachte.

Ihr Schreibstil war unkonventionell und enthielt oft proustianische Sätze und Satzfragmente. Auch mit der zerstörerischen Kriminalität und Korruption ihres Landes nach der Apartheid setzte sie sich kritisch auseinander. In Johannesburg, wo Gordimer den Großteil ihres Lebens verbrachte, sollte man sowohl Constitution Hill, heute Sitz des Verfassungsgerichts, als auch ein Apartheid-Gefängnis besichtigen. So sieht man beides: Gordimers großen Ideale und die Mächte, gegen die sie zeitlebens ankämpfte.

Constitution Hill liegt im Zentrum von Johannesburg, 1,5 Kilometer nördlich von Park Station, und ist am besten mit dem Auto zu erreichen.

„Meine Träume gehörten mir allein, sie brauchte ich gegenüber niemandem zu rechtfertigen; sie waren meine Zuflucht, wenn ich verärgert, mein höchstes Vergnügen, wenn ich unbeschäftigt war."

Villa Diodati
MARY SHELLEY
Genfer See, Schweiz

Es war eine dunkle und stürmische Nacht in dem legendären „Jahr ohne Sommer" von 1816, nachdem ein indonesischer Vulkan beim Ausbruch im Jahr zuvor seine Asche in die Atmosphäre befördert und einen globalen Temperaturabfall bewirkt hatte. Man schrieb den Monat Juni am Genfer See, doch die Luft war eisig und peitschender Regen trieb Lord Byron und seine Freunde zurück in ihre angemietete Villa. Um das Kaminfeuer gedrängt, vergnügten sie sich mit dem Vorlesen von Gespenstergeschichten. Dann hatten sie eine Idee: Wer von ihnen würde die beste Gruselgeschichte schreiben?

Eindeutige Gewinnerin war die 18-jährige Mary Wollstonecraft-Godwin (1797–1851), unkonventionelle Tochter der zukunftsweisenden Schriftstellerin und Feministin Mary Wollstonecraft sowie des Anarchisten und Philosophen William Godwin. Ihre Gruselgeschichte, zu der sie ein Albtraum inspirierte, handelte von einem verrückten Wissenschaftler, der mit der Erschaffung eines abscheulichen Wesens die Natur herausforderte. Frankenstein war der Name des Wissenschaftlers (nicht der Kreatur).

Frankenstein oder Der Moderne Prometheus wurde 1818, wenige Zeit nach dem Wettstreit, publiziert und wird bis heute gedruckt. Die Bestseller-Autorin vermählte sich einige Jahre danach mit ihrer Affäre aus jenem Sommer, dem seinerzeit verheirateten Dichter Percy Bysshe Shelley, der später mit 29 beim Segeln ertrank. Das Paar hatte vier Kinder, von denen nur eines das Erwachsenenalter erreichte. Shelley publizierte zahlreiche weitere Werke, war als Herausgeberin tätig, trat für Percys posthumes Vermächtnis ein und half notleidenden Frauen.

Heute ist die Villa Diodati, in der Mary Shelley und Lord Byron zu Gast waren, in private Luxusapartments umgewandelt. Doch vieles am Genfer See ist noch wie damals im wilden Sommer von 1816, als Byron und seine Romantiker-Freunde auf dem stürmischen See segelten, über Gletscher wanderten und durch Schlossruinen geisterten. In der Region lässt sich viel unternehmen. Wie wäre es mit einem Besuch der gotischen Kathedralen in Lausanne oder einer Käsekostprobe in einem der urigen Dörfer am Ufer? Man kann durch tiefe, kühle Schluchten wandern oder im See schwimmen, dessen tiefblaues Wasser in der späten Nachmittagssonne pfirsichfarben schimmert. Und natürlich *Frankenstein* lesen, unmittelbar am Ort des Geschehens.

Eine riesige schaurige Frankenstein-Statue ziert den Platz Plainpalais in der Stadt Genf.

Abbey Theatre
LADY GREGORY
Dublin, Irland

Es gab eine Zeit, da führte der Weg zu gewissem Ansehen in der irischen Literatenwelt am ehesten über Augusta. Die unter dem Namen Lady Gregory (1852–1932) bekannte Folkloristin und Dramatikerin war die Mutter des „Literary Revival", der literarischen Renaissance in Irland. In ihrem Zuhause auf Coole Park trafen sich viele irische Schriftsteller, darunter auch W. B. Yeats, der von ihr unterstützt wurde. Mit immensem Elan förderte Lady Gregory die irische Kultur.

Ihr Landsitz Coole Park wurde zur Sammelstelle der besten irischen Märchen, Bücher und Denker. Lady Gregory erweckte die irische Sprache zu neuem Leben und entfachte die Glut einer Kultur wieder, die unter den Engländern fast erstickt wäre. Beamte sorgten für den Abriss des Herrenhauses, doch das von ihr mitbegründete Abbey Theatre in Dublin ist nach wie vor eine bedeutsame Bühne. Dass die irische Kultur heute so gesund und lebendig ist, ist zum Großteil Lady Gregory zu verdanken.

Für die Besichtigung des weitläufigen Coole Park sollte man bequeme Schuhe tragen und den „Autograph Tree" aufsuchen, in dem sich literarische Größen wie George Bernard Shaw, J. M. Synge, Augustus John, W. B. Yeats ... und Lady Gregory mit ihren Initialen verewigten.

San Francisco Main Library
MAYA ANGELOU
San Francisco, USA

Die renommierte Dichterin und Schriftstellerin Maya Angelou (1928–2014) soll bald als Denkmal in ihre Heimatstadt San Francisco zurückkehren, denn die Stadt hat geplant, die Diskrepanz zwischen der Anzahl männlicher und weiblicher Skulpturen im öffentlichen Raum zu verringern. Die verstorbene Schriftstellerin und Bürgerrechtsaktivistin hatte zu der Stadt San Francisco eine enge Verbindung. Sie war Schülerin an der Washington High School, besuchte Gottesdienste in der Glide Church und war die erste afroamerikanische Straßenbahnschaffnerin in San Francisco.

Die Autorin von *Ich weiß, warum der gefangene Vogel singt* wird als eine der größten literarischen Ikonen Amerikas und als Meisterin der autobiografischen Textform gelobt. In der erwähnten Autobiografie schildert sie den Missbrauch in ihrer Kindheit und den steinigen Weg zum Erwachsenwerden in der Bay Area von San Francisco. Nach ihrer Zeit als Schaffnerin war sie Köchin, Prostituierte, Schauspielerin, Journalistin, Professorin und Anführerin der Bürgerrechtsbewegung. Für ihr Lebenswerk erhielt Angelou 2010 mit der Presidential Medal of Freedom die höchste zivile Auszeichnung der USA.

Im September 2019 verkündete San Franciscos Kunstkommission aus 100 Entwürfen die Finalisten für das Design des geplanten Denkmals, das Ende 2020 vor der Hauptbibliothek errichtet wird.

Die Hauptbibliothek liegt in der Nähe der BART-Haltestelle Civic Center und wird von dem Market Street Streetcar angefahren.

Théâtre de la Ville
SARAH BERNHARDT
Paris, Frankreich

Sarah Bernhardt (1844–1923), eigentlich Henriette Rosine Bernard, erhielt den Beinamen La Divine, die Göttliche, als sie im ausgehenden 19. Jahrhundert zur größten Schauspielerin Frankreichs avancierte. Ein Liebhaber ihrer Mutter schleuste sie in die Theaterwelt ein. Sie debütierte an der Comédie Française und spielte mehrere Jahre am Pariser Odéon, wo sie im Deutsch-Französischen Krieg 1870 ein Lazarett einrichtete. Auf dem Höhepunkt ihrer Karriere ging Bernhardt als eine der meist gefeierten Darstellerinnen der Geschichte mit ihrer eigenen Schauspieltruppe auf Welttournee.

◀ Das Pariser Theater, das Bernhardt leitete und das sie in Théâtre Sarah-Bernhardt umbenannte, ist das heutige Théâtre de la Ville.

Smekkleysa Plötubúð (Bad Taste)
BJÖRK
Reykjavík, Island

Ihre eklektische Mischung aus Punk, neuer Welle, Elektro- und Experimentalpop machte Björk (geb. 1965) zum Weltstar. Ihr Nachname Guðmundsdóttir ist, wie in Island üblich, der Vatername (Patronym). Björks Musikvideos, Kostüme oder auch die Metaphorik ihrer Alben sind einzigartig, und ihre Musik ist so avantgardistisch, dass 2015 die isländische Universalkünstlerin mit einer Retrospektive im New Yorker Museum of Modern Art geehrt wurde. Internationalen Durchbruch erreichte Björk mit ihrer Band The Sugarcubes, mit der sie in Reykjavík auch das Musiklabel Smekkleysa Plötubúð gründete, bis heute Anlaufstelle der isländischen Kreativszene.

▶ Der Plattenladen Smekkleysa Plötubúð (sonntags geschlossen) hat folgende Adresse: Skólavörðurstígur 16, Eingang von Óðinsgata.

Dove Cottage
DOROTHY WORDSWORTH
Grasmere, England

Für Liebhaber des Dichters William Wordsworth ist Dove Cottage im malerischen Lake Distrikt ein Pilgerort. Besucher kommen aber auch wegen seiner Schwester Dorothy (1771–1855), ebenfalls Poetin und äußerst brillante Tagebuchautorin. William verliebte sich 1799 in das gekalkte, schiefergedeckte Landhaus, das er mit seiner Ehefrau, den Kindern und Schwester Dorothy bezog. Die Geschwister legten den Garten an, empfingen Gäste, darunter Coleridge und Thomas De Quincey, und schrieben. Dorothy protokollierte in ihrem posthum erschienenen Tagebuch *Grasmere Journal* ihre Künstlerfreundschaften, das Landleben, essenzielle Gespräche mit William und Naturbetrachtungen.

Dorothys Schilderung einer Besteigung des Scafell Pike wurde in einem Reiseführer der Region fälschlicherweise William zugeschrieben, wobei dieser die einfühlsamen Beobachtungen seiner Schwester durchaus wertschätzte. „Sie hat mir Augen gegeben, sie hat mir Ohren gegeben", schrieb er einmal. Als sie bei einem gemeinsamen Spaziergang auf einen Streifen Narzissen stießen, notierte Dorothy: „Einige betteten ihre Köpfe auf diese Steine ..., und der Rest warf und taumelte und tanzte und schien, als ob sie wahrlich mit dem Wind lachten." Zwei Jahre später hallten Dorothys wunderschönen Worte in *I Wandered Lonely as a Cloud* (dt. *Narzissen*) wider, das Williams berühmtestes Gedicht werden sollte.

📍 Der nächst gelegene Bahnhof befindet sich in Windermere. Von hier aus fahren regelmäßig Busse nach Grasmere.

Jane Austen House Museum
JANE AUSTEN
Chawton, England

Für die meisten Frauen des 18. Jahrhunderts galt als oberstes Lebensziel, eine möglichst gute Partie zu machen. Jane Austen (1775–1817) hatte anderes im Sinn. Sie schlug einen Heiratsantrag aus und beschloss zu arbeiten, um für ihren Lebensunterhalt selbst zu sorgen. Die Entscheidung war mutig, denn in jener Zeit hielt man die wenigen Autorinnen für anstößig und skandalös. Besonders Ehrgeizige publizierten unter männlichem Pseudonym.

So auch Jane Austen. Ihr Debütroman *Verstand und Gefühl* erschien anonym – „By a Lady", von einer Dame geschrieben. Elizabeth, die Hauptfigur in *Stolz und Vorurteil*, bringt Austens Situation ziemlich gut auf den Punkt: „Da ist etwas Halsstarriges in mir, das einfach nicht ertragen kann, wenn man ihm droht. Mein Mut wächst mit jedem Versuch, mich einzuschüchtern." Bei der Veröffentlichung 1831 von *Stolz und Vorurteil* schrieb ein früher Kritiker, das Werk sei „viel zu clever, um von einer Frau geschrieben zu sein."

Von 1809 bis zu ihrem Tod 1817 lebte Austen mit ihrer Mutter und Schwester in einem schlichten roten Backstein-Cottage aus dem 17. Jahrhundert im Dörfchen Chawton. Dort schuf sie *Mansfield Park*, *Emma* und *Überredung* und überarbeitete *Verstand und Gefühl*, *Stolz und Vorurteil* sowie *Die Abtei von Northanger*. Ein Rundgang durchs Cottage vermittelt einen guten Eindruck von der damaligen prüden, überkorrekten Gesellschaft. Man sieht Austens winzigen Wallnusstisch, an dem sie schrieb, ihren Bücherschrank, der heute mit ihren frühen Romanausgaben befüllt ist, außerdem überlieferte Briefe, Schmuck und Kleider. Wer mag, darf sich Regency-Mode überstreifen, Lavendelsäckchen basteln oder, wie einst Jane, durch den Garten flanieren. Für Austen-Fans, die man "Janeites" nennt, ist dies ein ganz besonderes literarisches Pilgerziel.

Der Bus 64 fährt stündlich (45 Minuten Fahrzeit) von Winchester zur Haltestelle Chawton Roundabout. Von dort läuft man ins Dorf.

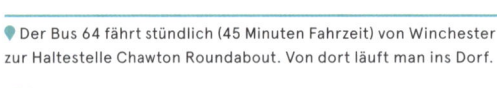
© Dmitry Naumov / Shutterstock

„Es zählt nicht, woher du kommst. Es geht darum, wohin du gehst."

Apollo Theater
ELLA FITZGERALD
Harlem, New York City, USA

In dem Augenblick, als das schillernde Apollo Theater, eine Burlesque-Spielstätte nur für Weiße, seine Türen 1934 erstmals auch für Schwarze öffnete, verwandelte es sich zur lebendigsten afroamerikanischen Bühne der USA. Das Apollo inmitten von Harlem wurde zur Hauptbühne im Jazz-Zeitalter, auf der fast alle Soul- und Jazzlegenden des 20. Jahrhunderts standen, auch Weltstars wie Duke Ellington, Sam Cooke, Ray Charles und Stevie Wonder. Dass sich das Apollo auf afroamerikanische Künstler spezialisierte, war zunächst ungewöhnlich, wobei das Publikum bei Weitem nicht nur dunkelhäutig war: Viele weiße Musikliebhaber strömten in den Anfangsjahren ins Apollo Theater, um die beste Musik zu hören, die New York City zu bieten hatte.

Bekannt ist das Apollo allerdings vor allen Dingen für seine Amateur Night, den wöchentlichen Talentwettbewerb, den es heute noch gibt. Viele Musiker starteten hier ihre Karriere, u. a. Billie Holiday und Aretha Franklin. Doch die berühmteste Siegerin ist und bleibt die First Lady of Song, Ella Fitzgerald (1917–1996), die mit gerade mal 17 Jahren so bravourös einen der ersten Talentwettbewerbe im Apollo gewann, dass man Großartiges voraussahnte. Von da an entwickelte Fitzgerald über sechs Jahrzehnte ihren einzigartigen Gesangsstil weiter und hinterließ das monumentale Vermächtnis einer Jazzlegende.

● Im Apollo Theater finden bis heute Veranstaltungen statt. Tickets für aktuelle Shows gibt es an der Tageskasse zu kaufen.

Whitehall Hotel
EDNA ST. VINCENT MILLAY
Camden, USA

Edna St. Vincent Millay (1892–1950) brannte darauf, Camden zu verlassen. Die junge Dichterin, die sich selbst „Vincent" nannte, wollte aus ihrem Leben mehr machen als das, was der kleine Ort in Maine für sie bereithielt. Und das tat sie. Die wilden Anfangsjahre des legendären Jazz Age verbrachte Edna im New Yorker Stadtteil Greenwich Village. Für die Zeitschrift *Vanity Fair* ging sie als Auslandskorrespondentin nach Paris. Sie war die dritte Frau, die für ihre Lyrik den Pulitzer-Preis erhielt, demonstrierte mit den Kommunisten und schrieb glühende Verse gegen die Nazis. Wo immer sie war, hatte sie Liebesaffären mit Männern und Frauen.

Doch ihr Herz schlug an der zerklüfteten Küste von Maine. Hier zog ihre alleinerziehende Mutter die drei Töchter groß – mit wenig Geld, dafür aber mit viel Literatur und Gesang. Als Teenager trug Millay in einem Hotel in Camden ihre Gedichte vor. Da wurde die reiche New Yorkerin Caroline Dow auf sie aufmerksam und unterstützte sie fortan finanziell. Die Säulenveranda des Hotels, das heute unter dem Namen Whitehall geführt wird, ist zweifellos einer der weltbesten Orte zum Entspannen, während einem der salzige Tanggeruch der Penobscot Bay um die Nase weht. Der nahe gelegene Berg Mount Battie inspirierte Millay zu ihrem Gedicht *Wiedergeburt*.

● Den Küstenort Camden erreicht man von Portland mit dem Auto in knapp zwei Stunden. Im Bild oben: Blick von Mount Battie auf den Hafen.

Lincoln Memorial
MARIAN ANDERSON
Washington, D.C., USA

Sie besaß eine der berühmtesten Opernstimmen des 20. Jahrhunderts. Marian Anderson (1897–1993) bewies schon als kleines Kind ihr außerordentliches musikalisches Talent und die Kirchengemeinde der Familie sammelte Geld für den Gesangsunterricht des Mädchens. Der Vater kaufte Anderson ein Klavier, das Spielen brachte sie sich selber bei.

Ihre reine Altstimme mit dem beeindruckenden Tonumfang und vollen Klang machte sie in den USA und auf der ganzen Welt zur gefeierten Opernsängerin. Aufgrund ihrer Hautfarbe stellten sich ihr zahllose Hindernisse in den Weg, doch der damalige Präsident Franklin Roosevelt und seine Frau Eleanor luden sie zu einem Auftritt ins Weiße Haus. Als Anderson 1939 aus rassistischen Gründen ein Bühnenauftritt in der Constitution Hall in Washington, D.C., verweigert wurde, organisierte Eleanor Roosevelt für Anderson das legendäre Open-Air-Konzert auf den Stufen des Lincoln Memorial, dem Denkmal für Abraham Lincoln. Über 75 000 Menschen vor Ort und Millionen weitere an den Radiogeräten lauschten gebannt ihrer Stimme, die auch für die spätere Bürgerrechtsbewegung Signalwirkung hatte. Als erste afroamerikanische Sängerin der Geschichte trat Anderson 1955 in der New Yorker Metropolitan Opera auf.

Anderson wurde zunehmend berühmter und sang bei John F. Kennedys Amtseinführung, von dem sie später die Presidential Medal of Freedom (Freiheitsmedaille) empfing, die höchste zivile Auszeichnung der USA. Unermüdlich strebte Anderson nach Gleichberechtigung und war außerdem als US-Delegierte bei den Vereinten Nationen tätig.

♥ Ergänzend zum Besuch des Lincoln Memorial, an dem Anderson ihr großes Konzert gab, kann man dieses auch im Internet anhören.

Mahasweta Devi Museum
MAHASWETA DEVI
Kolkata, Indien

Wer zum ersten Mal ihre Texte liest, fühlt sich wie an den Schultern gepackt und geschüttelt. Mahasweta (1926–2016) setzte ihre Worte wie Waffen ein. Sie zerriss die behagliche Moral der Mittelklasse und das ungerechte politische System in Indien, das die Menschen am brüchigen sozialen Rand des Landes unterdrückt – die indigenen Stammesvölker, Schuldknechte, Entrechteten, die Waldbewohner.

Devi war Aktivistin und Lehrerin, in erster Linie aber Schriftstellerin. Ihre Bücher wurden aus dem Bengalischen ins Englische und in indische Regionalsprachen übersetzt, seit Anfang 2000 auch zunehmend ins Deutsche, sie sind teilweise verfilmt oder auf die Bühne gebracht. National und international nahm sie viele Preise entgegen, u. a. 1997 den Ramon Magsaysay Award und 2009 den Man Booker Prize). Öffentlichen Beifall nahm Devi gelassen hin. Stattdessen lenkte sie ihren Fokus auf die Gräueltaten gegen die indigene Bevölkerung und opponierte gegen die westbengalische Regierungspolitik, welche die Volksstämme ihres Landes beraubt.

Im sehr gepflegten Mahasweta Devi Museum im Süden von Kolkata (früher Kalkutta), in dem Devi von 2011 bis 2015 lebte, offenbart sich die Denkerin hinter der Frau. Gezeigt werden ihre Manuskripte, Bücher, Zeitungsartikel und Preise sowie die vielen Geschenke, die ihr Gelehrte und Literaten bis zu ihrem Tod 2016 überreichten.

Das Museum ist nicht auf Google Maps eingezeichnet und ziemlich schwer zu finden. Am besten hält man nach der Gate Acadamy in der Rajdanga Main Road Ausschau, das Museum befindet sich praktisch gegenüber.

© Roop_Dey / Shutterstock

School of Northwest Coast Art
FREDA DIESING
Terrace, Kanada

Freda Diesing (1925–2002) vom Volk der Haida war eine der ersten weiblichen Haida-Holzschnitzer. In den 1960er-Jahren spielte sie eine bedeutende Rolle für das Wiederaufleben der Kunst und Kultur der kanadischen Ureinwohner (Native Nations) im Nordwesten des Landes und sorgte für eine konsequente, breite Wertschätzung. Skil Kew Wat, die „magische kleine Frau", wie sie in der Sprache der Haida hieß, begann ihre Karriere mit 42 Jahren und wurde zur berühmtesten Schnitzerin ihrer Region, zur Mentorin und Lehrerin. Die einzige Kunstschule mit Schwerpunkt auf indianischer Kunst an der Nordwestküste des Landes trägt ihren Namen.

⬅ Im unweit gelegenen Grizzlybären-Schutzgebiet Khutzeymateen kann man riesige Bären in ihrem natürlichen Habitat beobachten.

Owl House
HELEN MARTINS
Nieu Bethesda, Südafrika

Ein entlegenes Dorf in der Halbwüste Karoo wurde zur unerwarteten Kulisse für südafrikanische „Outsider Art". Helen Martins (1897–1976) verwandelte dort ihr Haus in ein anrührend surreales, bisweilen auch schauriges Gesamtkunstwerk. Nach gescheiterter Ehe in ihr Heimatdorf zurückgekehrt, schuf die Künstlerin Hunderte lebensgroße Figuren aus Zement, die ihr „Eulenhaus" und den Garten füllen, mit einer Kamelkarawane, Meerjungfrauen, Krippenszenen und vielen Eulen. Unbeirrt verfolgte Martins, die ihrem Leben nach 78 Jahren selbst ein Ende setzte, gegen den Widerstand konservativer Dorfbewohner ihre Vision und machte Nieu Bethesda zum Ziel für Liebhaber exzentrischer Kunst.

➡ *Die Straße nach Mekka* von Athol Fugard erzählt Martins Geschichte.

12 FEMINISTISCHE BUCHHANDLUNGEN

Feministische Buchläden gibt es seit der Blütezeit der Frauenbewegung und sind in jüngster Zeit wieder stark im Kommen.

1 A ROOM OF ONE'S OWN Madison, USA
Der geräumige, politisch aktive Buchladen direkt an der University of Wisconsin in Madison versorgt viele Studierende mit Literatur.

2 BLUESTOCKINGS New York City, USA
Die radikale, feministische Buchhandlung in Lower East Side, Manhattan, wird von Freiwilligen geführt. Sie verkauft viele sogenannte Zines (Kleinmagazine) sowie neue und gebrauchte Bücher.

3 BOOKWOMAN Austin, USA
Der gemütliche, queerfreundliche Buchladen aus den 1970er-Jahren ist spezialisiert auf Lyrik, Feminismus und Kinderliteratur und eine Säule der feministischen Kultur in der Stadt Austin.

4 CHARIS BOOKS Decatur, USA
Die älteste feministische Buchhandlung der USA in Georgia zog unlängst nach Decatur um und ist eine Bastion lesbischer Aktivistinnen mit progressiver Literatur für Erwachsene und Kinder.

5 LIBRAIRIE L'EUGUÉLIONNE Montreal, Kanada
Dieser einladende helle Buchladen im Gay Village in Montreal hat sich auf feministische und queere Literatur spezialisiert, neu und gebraucht, in englischer und französischer Sprache.

6 LIBRERÍA DE MUJERES Buenos Aires, Argentinien
Die einzige feministische Buchhandlung Argentiniens hat über 30 000 Titel im Sortiment. Sie betreibt einen kleinen Verlag, der Kinderbücher und frauenspezifische Essays veröffentlicht.

7 LIBRERÍA MUJERES Madrid, Spanien

Sie liegt unweit der Plaza Mayor und ist die einzige feministische Buchhandlung in Madrid. Unter dem Motto „Bücher beißen nicht, Feminismus auch nicht" findet man Literatur von Autorinnen für jede Altersgruppe.

8 PERSEPHONE BOOKS London, England

Der Laden mitten in London gehört zu Persephone Books, einem kleinen Buchverlag, der hochwertige Nachdrucke von in Vergessenheit geratenen Werken weiblicher Autoren publiziert.

9 THE SECOND SHELF London, England

Der kleine lebendige Buchladen in Soho ist auf seltene und antiquarische Buchausgaben von und über Frauen spezialisiert. Außerdem finden Sammler hier viele erschwingliche Sonderausgaben.

10 VIOLETTE AND CO Paris, Frankreich

Die Buchhandlung liegt zwischen der Place de la Bastille und dem Friedhof Père Lachaise und hat viele Titel für Frauen und Queers im Sortiment. Im oberen Stock finden oft Veranstaltungen statt.

11 THE WOMEN'S BOOKSHOP Auckland, Neuseeland

In diesem sympathischen Laden in Auckland gibt es viele Bücher von Frauen – Neues, Gängiges und Nischentitel – und außerdem eine erstaunlich große Auswahl an Reiseliteratur.

12 WOMEN & CHILDREN FIRST Chicago, USA

Mit über 30 000 Titeln auf Lager und vollem Event-Kalender ist dieser Buchladen seit seiner Eröffnung 1979 ein Herzstück in der feministischen und literarischen Szene der Stadt.

PIONIE-
RINNEN

> „Ich halte nach wie vor Zivilisation für eine Plage, Gesellschaft für Unsinn und jede Konventionalität für ein Verbrechen."

Rocky Mountain National Park
ISABELLA BIRD
Colorado, USA

Das Sprichwort „beurteile nie ein Buch nach seinem Einband" trifft gut auf Isabella Bird (1831-1904) zu. Nach ihrer Kindheit in England reiste Bird, die kaum größer als 1,50 Meter war und unter diversen Krankheiten litt, die meiste Zeit ihres Lebens in entlegene Winkel der Erde, darunter Neuseeland, Japan, Persien und die Rocky Mountains in Colorado. Ihre Erlebnisse hielt sie in ausführlichen Berichten fest. *Durch die Wildnis der Rocky Mountains* ist ein Klassiker der Reiseliteratur. Anfang Vierzig, nach ihrer Rückkehr von den Sandwich-Inseln auf Hawaii, ritt sie auf einem Pony durch das raue Colorado und bezog in Estes Park eine Hütte, in unmittelbarer Nachbarschaft einer Stinktierfamilie. In dem heute viel besuchten Tal lebten 1873 nur eine Handvoll Desperados, auch ein einäugiger Trapper, für den Bird Zuneigung empfand. Mit Staunen sog sie die intensiven Farben der Kiefernwälder, Täler und vom Eis geformten Berge in sich auf, beschrieb „blutrote" oder „karminrote" Felsen und nannte den von ihr bezwungenen Viertausender Longs Peak ein „Wahrzeichen im Purpurglanz". Bis heute erstrahlen an jenen Orten im Rocky Mountain National Park die Farben, für die Isabella ein ausgezeichnetes Gespür hatte, so wundervoll majestätisch. Sie lassen sich am besten bei einer Fahrt im Abendlicht erleben.

Im Winter gehen die Besucherzahlen um fast 90 Prozent zurück, während im Sommer hier manchmal Stop-and-go-Verkehr herrscht.

Espace Ella Maillart

ELLA MAILLART

Chandolin, Schweiz

Sie fuhr in der Landeselite Ski und vertrat als Seglerin die Schweiz bei der Olympiade 1924 in Paris. Vor allem aber machte sich Ella Maillart (1903–1997), von Freunden Kini genannt, als Reiseschriftstellerin einen Namen. In *Verbotene Reise* schildert sie ihre wagemutige Tour durch China 1935 in sieben Monaten von Peking nach Kaschmir. Interessant ist das Werk auch im Kontrast zu dem ihres Reisegefährten Peter Fleming. „… ich wollte nach meiner Gewohnheit trödeln, als wenn ich die Ewigkeit vor mir hätte", schrieb Maillart. Peter hingegen, der ältere Bruder des James-Bond-Schöpfers Ian Fleming, hatte es definitiv eiliger, liest man in seinen *Tataren-Nachrichten*.

1939 fuhr Maillart mit einer Freundin von Genf durch die Türkei und den Iran bis Afghanistan. Während des Zweiten Weltkriegs unterbrach sie ihre Reisen, blieb in Indien und widmete sich dem Hinduismus, bevor sie nach Kriegsende in ihre Heimat zurückkehrte und in dem Schweizer Bergdorf Chandolin fortan sechs Monate im Jahr verbrachte. Der berühmtesten Bewohnerin des Dorfes ist in der Kapelle Sainte-Barbe eine Dauerausstellung gewidmet, u. a. mit exzellenten Fotografien von ihren Reisen um die Welt. „Du reist nicht, wenn du Angst vor dem Unbekannten hast, du reist, um das Unbekannte in dir zu erkennen", waren ihre Worte.

● Der furchtlosen Reisenden widmet auch das historische Museum von Karakol in Kirgisistan eine Dauerausstellung. Ella Maillart dokumentierte ihre Erkundungen in dieser Region in *Turkestan Solo – eine abenteuerliche Reise ins Ungewisse*.

Five Moons Statue
MARIA TALLCHIEF
Tulsa, USA

Mit 17 zog Maria Tallchief (1925–2013) nach New York City, um ihren Traum vom Ballett zu verwirklichen. Die gebürtige Elizabeth Marie Tall Chief – ihr Vater gehörte dem Stamm der Osage an – begann früh mit dem Tanzen und war die erste US-amerikanische Primaballerina. Als erste Amerikanerin tanzte sie 1947 an der Pariser Oper und 1960 am Moskauer Bolschoi-Theater. George Balanchine, ihr damaliger Ehemann, schuf am New York City Ballet die Rollen speziell für sie. Tallchief tanzte mit Rudolf Nurejew und gründete später das Chicago City Ballet. Ohne Unterlass verurteilte Tallchief die Diskriminierung der nordamerikanischen Urbevölkerung. Die Statue *The Five Moons* im Garten der Tulsa Historical Society in ihrem heimatlichen Bundesstaat Oklahoma ehrt Tallchief und vier weitere Tänzerinnen.

Nova Scotia College of Art & Design
ANNA LEONOWENS
Halifax, Kanada

Ihre Geschichte wurde zum Broadway-Musical *The King and I* verarbeitet und gleich mehrfach verfilmt. So ist Anna Leonowens (1831–1915) vor allem als Hauslehrerin der Kinder des Königs Mongkut in Siam, dem heutigen Thailand, bekannt, obwohl dies nur eine kurze Episode im Leben der Weitgereisten darstellte. Anna Leonowens Biografie und ihre Geschichten spannen sich von Singapur bis New York City. Gegen Ende ließ sich Leonowens im kanadischen Halifax (Nova Scotia) nieder und gründete das Nova Scotia College of Art and Design. Wer in der Kunsthochschule die Anna Leonowens Gallery betritt, darf sich auf ein würdiges Andenken an die Abenteuerin, Feministin und Künstlerin freuen.

▾ Wer in Tulsa ist und sich für Tanz interessiert, findet im Veranstaltungskalender des Tulsa Ballet aktuelle Darbietungen.

▾ In einem nahe gelegenen Gebäude im Queen-Anne-Stil ist der Sitz des Local Council of Women, den Leonowens einst leitete.

Shirley Chisholm State Park
SHIRLEY CHISHOLM
Brooklyn, USA

Sie war sehr oft „die Erste" in ihrer politischen Karriere. Shirley Chisholm (1924–2005) wurde als erste afroamerikanische Frau in den US-Kongress gewählt und sie bewarb sich 1972 als erste Frau und erste Afroamerikanerin bei einer der großen Parteien, den Demokraten, um die Nominierung als Präsidentschaftskandidatin.

Chrisholms politische Laufbahn begann als demokratische Abgeordnete in der New York Assembly, der Legislative des US-Bundesstaates New York. Sage und schreibe sieben Legislaturperioden, von 1969 bis 1983, diente sie als Mitglied im US-Repräsentantenhaus. Zu ihren großen Errungenschaften während ihrer Amtszeit gehören u. a. die Einrichtung des Ernährungshilfsprogramms WIC, das bis heute notleidende Frauen und Kinder mit Lebensmitteln versorgt, sowie ihr Einsatz für einen Mindestlohn für Hausangestellte. Die Mitarbeiter in ihrem Kongressbüro waren übrigens ausnahmslos Frauen, die Hälfte davon Afroamerikanerinnen.

Der erste Abschnitt des 165 Hektar großen, nach ihr benannten Shirley Chisholm State Park öffnete 2019 seine Pforten und bietet Wander- und Spazierwege auf insgesamt 16 Kilometern. Der größte State Park in New York City liegt im Stadtbezirk Brooklyn, in dem Chisholm gelebt hat.

📍 Von der höchsten Stelle des Parks blickt man über die Verrazzano-Narrows Bridge bis zum Empire State Building und der Jamaica Bay.

Clinton House Museum

HILLARY RODHAM CLINTON

Fayetteville, USA

Das 1930er-Backsteinhaus blickt hinunter auf den Clinton Drive. California Boulevard hieß der Straßenabschnitt in Fayetteville, Arkansas, bevor Hillary Rodham Clinton (geb. 1947) und ihr Ehemann Bill auftauchten. Die Tour durchs Museum beginnt im Wohnzimmer, in dem das Paar 1975 im Familien- und Freundeskreis heiratete. Man sieht eine Kopie von Hillarys Brautkleid, das sie wohl ihrer Mutter zuliebe am Vortag für 53 Dollar im Kaufhaus erstand. Sie hielt nichts von Konventionen, einen Verlobungsring und feierliches Tamtam lehnte sie ab. Sie nahm auch lange nicht Bills Nachnamen an.

Sehenswert ist auch der Raum, den Hillary und Bill als Bibliothek nutzten, mit Bücherregalen aus Hohlblocksteinen und Holz. In Fayetteville war Hillary als Professorin an der Law School der Universität von Arkansas tätig, die oberhalb von ihrem Haus liegt. Sie gründete und leitete eine Legal Aid Clinic, die kostenlose Rechtsberatung bot, und rief die erste juristische Anlaufstelle der Stadt für Vergewaltigungsopfer ins Leben. Nur eineinhalb Jahre wohnte Hillary in 930 W Clinton Drive, doch die Zeit war ein wichtiger Wendepunkt auf ihrem Weg zu einer weltpolitisch einflussreichen Größe.

📍 Vom zentralen Fayetteville Square biegt man nach Westen in die Center Street ein, die in den Clinton Drive übergeht.

Cappoquin Library
DERVLA MURPHY
Cappoquin, Irland

„Wenn ich nur lange genug weiterradle, könnte ich bis nach Indien fahren", dachte die 10-jährige Dervla, als sie in Irland auf ihrem ersten Fahrrad in die Pedale trat. Bis Anfang Dreißig pflegte Dervla Murphy (geb. 1931) zu Hause ihre Eltern. Dann sattelte sie 1963 ihr Fahrrad „Roz", das sie nach Don Quijotes treuem Pferd Rocinante benannte, und verließ Lismore Richtung Indien. Ihr Werk *Aus eigener Kraft: mit dem Fahrrad nach Indien* wird bis heute aufgelegt und ist der beste Bericht über die Freuden und Mühen einer extrem langen Radtour.

Aus eigener Kraft unternahm Dervla noch viele weitere strapaziöse Reisen, *Mit dem Maultier durch Äthopien, On a Shoestring to Coorg* oder durch Regionen in Nepal, Tibet, Baltistan, Sibirien, Peru, Kamerun und Madagaskar. Ihre Reiseberichte wurden zunehmend politischer. Bei ihren Touren durch Nordirland, Palästina und den Gazastreifen, Kuba, Simbabwe und den Balkan setzte sich Dervla mit großen Themen wie Globalisierung, Atomkraft und Klimawandel auseinander.

Viele Jahre zierte Roz eine Wand in der Lismore Public Library (unten), bis das weitgereiste robuste Fahrrad in die Bibliothek in Cappoquin umzog, wo es seitdem zu den regulären Öffnungszeiten bewundert werden darf.

Von der Ortschaft Cappoquin lohnt sich der kurze Abstecher zu den Gärten der Burg Lismore Castle.

PIONIERINNEN

Manhattan Project National Historical Park
CHIEN-SHIUNG WU
Los Alamos, USA

Sie war die „First Lady der Physik". Für das geheime Manhattan-Projekt untersuchte Chien-Shiung Wu (1912–1997) die Isolierung der Uran-Isotope. Ihr Einfluss auf die experimentelle Physik war jedoch weitaus größer, wie das nach ihr benannte Wu-Experiment zeigt. Sie erhielt 1978 den erstmalig vergebenen Wolf-Preis und trug zu Erkenntnissen bei, die ihren Kollegen den Nobelpreis einbrachten. In ihrem Geburtsland China absolvierte Wu ein exzellentes Physikstudium. Sie engagierte sich als Aktivistin und promovierte an der University of California. Die Gedenkstätte für das Manhattan-Projekt in Los Alamos, wo im Zweiten Weltkrieg die Atombombe entwickelt wurde, verweist auch auf Wu.

◀ Im Besucherzentrum findet man mehr über die „geheime Stadt" heraus, die an dieser Stelle 1943 errichtet wurde.

Jurassic Coast
MARY ANNING
Lyme Regis, England

Mary Anning (1799–1847) wuchs in ärmlichen Verhältnissen auf und suchte am Strand von Lyme Regis bei Klippenabbrüchen nach fossilen „Kuriositäten", um sie zu verkaufen. Nach ihrem Skelettfund eines Ichthyosaurus im Alter von zwölf wurde sie zu einer der renommiertesten Fossiliensammlerinnen der Welt. Doch die Geological Society nahm Anning nicht auf und ihre Funde wurden auch nicht immer gewürdigt. 2010, erst 163 Jahre nach ihrem Tod, wurde Anning, auf die der englische Zungenbrecher „She sells seashells on the seashore" zurückgeht, von der Royal Society zu einer der zehn einflussreichsten britischen Wissenschaftlerinnen erklärt.

➡ Von London Waterloo fahren Züge nach Axminster, von dort führt eine Busverbindung nach Lyme Regis.

IN HER FOOTSTEPS

Barnard College
ANNIE NATHAN MEYER
Manhattan, New York City, USA

Das erste private College für Frauen in New York City stieß anfangs auf breite Ablehnung. Dass es dennoch existiert, ist auch dem leidenschaftlichen Engagement der Bildungsaktivistin Annie Nathan Meyer (1867–1951) zu verdanken. Das 1889 nach dem Vorbild des Radcliffe College als Abteilung der Columbia University gegründete College wurde zum florierenden Mittelpunkt feministischer Ideologien, mit Absolventinnen wie Margaret Mead, Zora Neale Hurston und Greta Gerwig.

Provokante Aussagen, die eloquent die Balance des Colleges zwischen elitärer Universitätstradition und progressiver Politik aufzeigen, sind in die Bank von der Künstlerin Jenny Holzer neben der Athena-Statue eingraviert. Das College bleibt für Frauen ein Zufluchtsort, selbst wenn sie heute Seminare an der koedukativen Columbia University besuchen dürfen.

⬅ Zum Barnard College fährt man mit der Linie 1 Uptown zur 116th St.

USTA Billie Jean King National Tennis Center
BILLIE JEAN KING
Queens, New York City, USA

Am berühmtesten ist die Gewinnerin von 39 Grand-Slam-Titeln, Billie Jean King (geb. 1943), für ihr Match gegen Bobby Riggs, das als „Battle of the Sexes" tituliert (und 2017 verfilmt) wurde. Seit ihrem Rückzug vom aktiven Tennissport setzt sich die Tennislegende weiter für die Gleichstellung der Geschlechter ein. Das Tenniszentrum des jährlichen US Open ist nach Billie Jean King benannt.

➡ Tickets werden in der Regel im April oder Mai über Ticketmaster verkauft. Für ein hochkarätiges Match sind schwer Karten zu bekommen, eher für frühe Runden.

Great Rift Valley
BERYL MARKHAM
Nakuru, Kenia

Sie war ein Indianer Jones im afrikanischen Busch, von über 1,80 Meter Größe – körperlich wie geistig. Als die vierjährige Beryl Markham (1902–1986), gebürtige Engländerin, mit ihrem Vater nach Kenia ins heutige Rift Valley zog, wurde das Leben interessant. Barfuß und mit Speeren jagte sie nach Warzenschweinen, wurde Pferdenärrin und fast vom Löwen gefressen. Dann zog ihr Vater nach Peru, doch sie blieb. Warum nicht? Sie war 17 und hatte Großes vor.

Markham wurde die erste Buschpilotin und die erste lizenzierte Pferdetrainerin in Afrika, mit sechs Kenya-Derby-Gewinnern. Sie hatte Affären mit dem Sohn von König Georg V. und mit Denys Finch Hatton (gespielt von Robert Redford in *Jenseits von Afrika*). Als erste Solopilotin überquerte sie 1936 nonstop den Atlantik von Ost nach West (und landete mit dem letzten Tropfen Sprit in einem Sumpf in Nova Scotia). Ihre Erfahrungen schilderte Markham in *West with the Night*, (dt. *Westwärts mit der Nacht*), das Ernest Hemingway als „verdammt wunderbares Buch" bezeichnete. Eine Frau und Buschpilotin könnte so ein gutes Buch niemals selbst schreiben, zweifelten Kritiker. In ihrem Roman *Lady Afrika* über Beryl sagte Paula McLain, dass sie zu stolz, zu ehrgeizig und zu unwillig gewesen war, sich den Zwängen ihrer Schicht oder ihres Geschlechts zu beugen.

Wer im kenianischen Rift Valley unterwegs ist, kann in Beryls Cottage ihrer Kindheit übernachten. Das liebevoll restaurierte, jahrhundertealte Gebäude mit Blick auf die Berge liegt in der Landschaft ihrer Heimat bei Nakuru, in die sie immer wieder zurückkehrte.

Shark Bay
ROSE DE FREYCINET
Gascoyne, Australien

Im September 1818, kurz vor ihrem 24. Geburtstag, saß Rose de Freycinet (1794–1832) neben einem Zelt an der Sandbucht von Shark Bay im Westen Australiens, rund 25 Kilometer nördlich der heutigen Stadt Denham, und erklärte, dass diese Austern, die sie gerade kostete, viel schmackhafter seien als jene, die sie im schicken Paris jemals gegessen hätte.

Eine Aquarell-Tusche-Zeichnung zeigt die abenteuerlustige junge Frau auf einem Stuhl sitzend und in eine Lektüre vertieft, möglicherweise in ihr berühmtes Tagebuch. Der offizielle Kupferstich eben dieser Szene gibt hingegen keinerlei Hinweise auf Madame de Freycinet. Ihre Anwesenheit war nämlich nicht genehmigt und daher gewissenhaft aus allen formellen Protokollen gelöscht worden. Sie hatte sich an Bord der *Uranie,* des Expeditionsschiffs ihres Ehemannes, geschlichen und als eine der ersten Frauen die Welt umrundet.

Rose dachte nie daran, ihr Tagebuch zu veröffentlichen, das heute als einzigartiger Bericht einer dreijährigen Reise um die Welt geschätzt wird. Erst 1927 wurden ihre Aufzeichnungen veröffentlicht und 2011 aus dem Französischen ins Deutsche übersetzt. Das bemerkenswerte Tagebuch ist heute im Besitz der State Library in Sydney. Insgesamt fünf Wochen weilte Rose – offiziell oder inoffiziell – in der Stadt und wurde dort zur Attraktion. Sydney hat sich seitdem gewaltig verändert. Die wilde Shark Bay hingegen führt dem Besucher noch immer gut vor Augen, welch gewaltige Szenerie Rose bei ihrer Landung seinerzeit vorgefunden haben muss.

Das Rose-Atoll der Samoa-Inseln trägt de Freycinets Namen.

IN HER FOOTSTEPS

Sabiha Gökçen International Airport
SABIHA GÖKÇEN
Istanbul, Türkei

State Library
PATSY MINK
Honolulu, USA

Die türkische Pilotin Sabiha Gökçen (1913–2001) war die erste Frau ihres Landes mit Pilotenlizenz und die erste Kampfpilotin der Welt. Das Waisenmädchen wurde als eines von mehreren Kindern von Mustafa Kemal Atatürk adoptiert, dem ersten Präsidenten der Türkei. Ihre frühe Begegnung mit der türkischen Luftfahrtindustrie entzündete in ihr eine lebenslange Leidenschaft. Sie begann mit Fallschirmspringen an einer Flugschule und erwarb dort anschließend die Pilotenlizenz. Gökçen nahm an Militärübungen teil und flog 1937 einen Kampfeinsatz. 1938 wurde sie Fluglehrerin und trainierte Piloten bis 1955.

Zu den Highlights ihrer politischen Karriere gehört die Mitwirkung am „neunten Zusatz zum Bildungsgesetz" (Article IX of the Education Ammendment), das bis heute in den USA eine wichtige Rolle spielt, sowie am Gesetz für frühkindliche Bildung (Early Childhood Education Act). Die auf Maui (Hawaii) geborene Patsy Takemoto Mink (1927–2002) war 1964 die erste Farbige im US-Kongress und diente zwölf Legislaturperioden im Repräsentantenhaus. 1972 bewarb sich Mink, in dritter Generation japanisch-amerikanisch, als erste „Asian American" um die Nominierung zur Präsidentschaftskandidatin.

📍 Der nach ihr benannte internationale Flughafen in Istanbul befindet sich östlich des Bosporus auf der asiatischen Seite der Stadt.

📍 Eine Bronzeskulptur von Patsy Mink vor der staatlichen Bibliothek von Hawaii in Honolulu würdigt ihr unermüdliches Engagement.

Johnson Space Center Memorial
SALLY RIDE
Houston, USA

Die NASA brauchte zwar 25 Jahre, bis sie die erste Frau ins All sandte, doch hätte man sich dafür keine bessere wünschen können als Sally Ride (1951–2012). Ride war erst 32, als sie 1983 als Mitglied der siebten Space-Shuttle-Mission (STS-7) an Bord der *Challenger* ihre erste Reise ins Weltall antrat. 1984 folgte ihr zweiter Einsatz mit der Mission STS-41-G auf der *Challenger*. 1986 trainierte Ride gerade für ihre dritte Mission, als das *Challenger*-Unglück geschah. Fortan blieb sie am Boden. Ride verließ 1987 die NASA und wurde Physikprofessorin. Sie gehörte den Untersuchungskommissionen zu den *Challenger*- und *Columbia*-Unglücken an und trat vehement für die bemannte Raumfahrt und für mehr Frauen im MINT-Bereich ein (Mathematik, Informatik, Naturwissenschaften und Technik). Nach ihrem Tod 2012 erfuhr man, dass sie die meiste Zeit ihres Lebens mit Tam O`Shaughnessy, einer emeritierten Psychologieprofessorin an der San Diego State University, liiert war. Ride ist nicht nur die erste Amerikanerin, sondern auch die erste Homosexuelle im Weltall.

In dem Gedächtnishain (Memorial Tree Grove) am Johnson Space Center in Houston, Texas, wird Ride mit einer kleinen Plakette gedacht.

● Der Gedächtnishain ist nur in Begleitung eines NASA-Angestellten zugänglich. Alternativ sollte man das Space Center Houston einplanen, das offizielle NASA-Besucherzentrum. Mit etwas Glück plaudert man sogar beim Lunch mit einem aktuellen Astronauten, viele sind Frauen.

Mit freundlicher Genehmigung der U.S. National Archives and Records Administration

IN HER FOOTSTEPS

Horagolla Bandaranaike Samadhi
SIRIMAVO BANDARANAIKE
Colombo, Sri Lanka

Sirimavo Ratwatte Dias Bandaranaike (1916–2000), bekannt als Sirimavo, war zunächst Sozialarbeiterin. Kurz nach der Ermordung 1959 ihres Ehemannes, Premierminister S. W. R. D Bandaranaike, wurde sie Premierministerin von Ceylon (heute Sri Lanka). Sie war die erste nicht durch Erbfolge, sondern frei gewählte Regierungschefin der Erde. Zwei weitere Male, 1970 bis 1977 und 1994 bis 2000, übte sie das Amt aus. In ihrer Regierungszeit, in der sich die Konflikte mit Tamilen zuspitzten, sprach die Welt erstmals von „Staatsfrauen und -männern" – und sie sah, dass auch Staatsfrauen nicht unfehlbar sind.

← Das Mausoleum der Familie kann man in Horagolla Bandaranaike Samadhi besichtigen, 38 Kilometer nordwestlich von Colombo.

Science Museum
ADA LOVELACE
London, England

Die Countess of Lovelace (1815-1852), einziges legitimes Kind von Lord Byron, war die erste Programmiererin der Welt. Bei dem Vater hätte man keine Mathematikerin als Tochter erwartet, doch als Ausgleich zu Byrons poetischen Höhenflügen förderte ihre Mutter das wissenschaftliche Interesse des jungen Mädchens. In ihrer Arbeit zur „Analytischen Maschine" von Charles Babbage schrieb Lovelace den ersten Algorithmus und bewies so das frühe Verständnis des Potenzials der Informatik. MINT-Begeisterte werden das Science Museum lieben.

→ Speziell für Mathefreaks ist die Winton Gallery im Science Museum, entworfen von Zaha Hadid Architects, eine überaus fesselnde Begegnung mit der Mathematik in der echten Welt.

Pennine Way

JASMIN PARIS

Von Edale (England) nach Kirk Yetholm (Schottland)

Das Spine Race ist ein 431 Kilometer langer Ultramarathon jährlich im Januar auf dem Pennine Way. Die Läufer tragen von Start bis Ziel ihre Ausrüstung selbst. Bei dem Nonstop-Rennen wird Schlafen zur taktischen Herausforderung: Zu viel und du fällst zurück, zu wenig und du scheidest aus. Im Herbst 2018 entschied ich mich zur Teilnahme, meine Tochter war neun Monate alt, ich hatte Motivationsprobleme, brauchte ein Ziel. Spine war eine unglaubliche, allumfassende Erfahrung. Das Loslaufen in der Gruppe am ersten Tag, bei heftigem Gegenwind und Dauerregen, ich wurde auf dem Stoodley Pike fast fortgeweht. Das Durchrennen in der ersten Nacht ohne Schlaf, hinauf zum Pen-y-ghent im rötlich-goldenen Morgenlicht. Die Suppe im Tan Hill Inn bei Anbruch der zweiten Nacht, die Rückkehr in ein lang gezogenes Sumpfgebiet, mit Eugeni Roselló Solé das Rennen anführend. Drei Stunden herrlicher Schlaf in Middleton-in-Teesdale, dann über feuchte, rutschige Felsen vor Cauldron Snout, in der Dämmerung hinauf zum High Cup, tolle Aussicht. Über Cross Fell, den höchsten Punkt des Rennens, hinunter zum Checkpoint 4, ab da alleine weiter. Die aufregende Nacht danach, am Hadrianswall entlang, Vorsprung haltend, durch den Wald nach Bellingham. An den letzten Tag erinnere ich mich am besten – die Überquerung der Cheviot Hills, die Halluzinationen durch Schlafentzug, die Schönheit der Natur, die ich trotzdem wahrnahm, und meine Familie, die an der Ziellinie wartete. Dies bleibt mir mein Leben lang in Erinnerung.

© Dave Head / Shutterstock

VON JASMIN PARIS

„Lasst die Dinge doch so schmecken, wie sie sind."

Chez Panisse
ALICE WATERS
Berkeley, USA

Das Konzept „Farm-to-Table", entstanden in den USA, wurde Teil eines kulturellen Bewusstseins. Auf einmal haben alle amerikanischen Städte einen Bauernmarkt und Bioprodukte sind auf Speisekarten eine Selbstverständlichkeit und keine exzentrische Ausnahme mehr. Seit knapp zehn Jahren werben Restaurants in den USA und weltweit mit lokaler Biokost, um den Weg vom Produzenten zum Teller möglichst kurz zu halten. Doch Alice Waters (geb. 1944), die Pionierin der amerikanischen Slow-Food-Bewegung, kämpft schon jahrzehntelang für Organic Food bzw. Biolebensmittel und ihr Restaurant „Chez Panisse" hat zahllose begeisterte Anhänger.

Waters eröffnete „Chez Panisse" 1971 in Berkeley, Kalifornien, wenige Jahre nach Abschluss ihres Studiums der Französischen Kulturwissenschaften an der University of California, Berkeley, das auch Aufenthalte in Frankreich beinhaltete. Die Chance, regionale Zutaten vom örtlichen Markt zu beziehen, war laut Alice ein Hauptgrund für ihren Erfolg. Ihre ständig wechselnde Speisekarte demonstriert den kreativen und kulinarischen Reichtum Kaliforniens, mit Jakobsmuscheln an Wassermelonen-Rettich, Brennnesselsuppe oder Forellen-Rillettes.

Neben „Chez Panisse", das bis heute zu den besten Restaurants der Bay Area von San Francisco zählt, setzt sich Waters engagiert für eine gesündere Ernährung in Familien und verbesserten Schulunterricht in Bezug auf Nahrungsmittel und Ernährung ein. Mit ihrem 1995 gegründeten Programm „Edible Schoolyard" fördert Waters in Schulen das Anlegen von Biogärten und Kochunterricht. In Berkeley gestartet, wird das Projekt inzwischen in vielen weiteren Großstädten wie Los Angeles, New Orleans, New York City und San Francisco umgesetzt. Waters überzeugte das Ehepaar Obama, für den biologischen Landbau zu werben, und inspirierte Michelle Obama zum eigenen Biogarten im Weißen Haus.

Zu Waters' Restaurant „Chez Panisse" gelangt man gut mit BART, der öffentlichen Nahverkehrsgesellschaft von San Francisco, und reduziert gleichzeitig den persönlichen CO_2-Fußabdruck. Vom Bahnhof Downtown Berkeley sind es zu Fuß 15 Minuten. Reservierung empfohlen.

Bundeskanzleramt
ANGELA MERKEL
Berlin, Deutschland

> „Keine Mauer, die Menschen ausgrenzt und Freiheit begrenzt, ist so hoch oder so breit, dass sie nicht doch durchbrochen werden kann."

Scheu lächelnd blickt das ungelenke Mädchen mit großen Augen auf Kinderfotos in die Kamera. Es ist erstaunlich, wie Angela Merkel (geb. 1954), Tochter eines evangelischen Pfarrers und in der DDR aufgewachsen, sich zu einer der mächtigsten und respektiertesten Leitfiguren der Weltpolitik entwickelte. Manche schreiben ihren Erfolg als Politikerin der analytischen und pragmatischen Herangehensweise zu, die schon der Wissenschaftlerin Merkel zugute kam, als sie als Physikerin über Quantenchemie promovierte. Wenn sie 2021 ihr Büro im Berliner Kanzleramt räumt, war sie nicht nur die erste Frau und die erste Ostdeutsche, die das Amt der Bundeskanzlerin innehatte, sondern auch die am längsten amtierende Regierungschefin in der EU. Unter ihrer Kanzlerschaft ab 2005 wurde Deutschland zu einem Vorbild für Stabilität und Wohlstand und Merkel zu einem der stärksten EU-Regierungschefs. „Mutti" ist ihr Spitzname, wenngleich ihre politischen Entscheidungen nicht alle unumstritten sind. Ihr Umgang mit der Schuldenkrise Griechenlands sahen in der EU viele negativ, ihre Willkommenspolitik in der Flüchtlingsfrage sorgte in Deutschland für Kritik. Ungeachtet dessen erkennen die meisten ihrer Kritiker an, dass Merkels Rolle als politische Wegbereiterin in Deutschland und der Welt lange nachwirken wird.

● Das Kanzleramt liegt unmittelbar neben dem Reichstagsgebäude. Dort führt ein Aufzug kostenlos zur Dachterrasse mit tollem Rundumblick.

PIONIERINNEN

Luskintyre Airfield
NANCY BIRD WALTON
Hunter Valley, Australien

Der „Engel des Outbacks" Nancy Bird Walton (1915–2009) erwarb mit 19 Jahren als erste und jüngste Frau Australiens die Verkehrspilotenlizenz. Ab 1935 flog die beliebte Flugpionierin für das Royal Far West Children's Health Scheme ins australische Hinterland, um die Familien dort medizinisch zu versorgen. Später gründete sie den australischen Pilotinnenverband Women's Pilots Association. Der neue internationale Flughafen von Sydney, der 2026 eröffnet wird, soll ihren Namen tragen und das Luskintyre Airfield hat einen Gedächtnisturm ihr zu Ehren.

← Nancy Bird Waltons Asche wurde auf dem Luskintyre Airfield verstreut. Im dortigen Garten gedeihen „Nancy Bird"-Kamelien.

Minnesota History Center
COYA KNUTSON
Saint Paul, USA

Coya Knutson (1912–1996) saß als erste Frau für Minnesota im US-Kongress. Ihre Karriere beweist das große Potenzial, das in Frauen steckt, aber auch, wie es häufig verschleudert wird. Ihr Einstieg in die Lokalpolitik war für Coya die Flucht vor den gewaltsamen Übergriffen ihres Ehemanns. 1954 kandidierte sie unabhängig und erfolgreich für den US-Kongress. Dort baute sie ein Studentendarlehen des Bundes und die Schulspeisung auf. Coya trug im Kongress oft eine große Sonnenbrille, um blaue Flecken in ihrem Gesicht zu verbergen. Als ihr gewalttätiger Ehemann einen öffentlichen Brief mit dem Titel „Coya Come Home" lancierte, in dem er Coya aufforderte, die Politik aufzugeben und zum „liebenden" Ehemann und Sohn heimzukehren, war ihre Karriere ruiniert. Doch Minnesota gedenkt bis heute Coyas Errungenschaften – dem großartigen Einsatz für ihre Heimat und der Scheidung von dem brutalen Ehemann, die sie nach dessen Intrige durchfocht.

→ Im Minnesota History Center ist das Akkordeon zu sehen, auf dem Coya sich selbst begleitete, wenn sie Wahlkampflieder sang.

© Bettmann / Getty Images

„Ich habe mehr Gehirn, Menschenverstand und Know-how als zwei zivile oder unzivilisierte Bauingenieure zusammen."

Brooklyn Bridge

EMILY WARREN ROEBLING

Brooklyn, New York City, USA

Mit ihrer Vorliebe für Wissenschaft und Mathematik passten Emily Warren (1843–1903) und ihr Ehemann, der Bauingenieur Washington Roebling, sehr gut zusammen. Ob sie das Ziel ihrer Flitterwochen, die sie zur Erkundung der Nutzung von Senkkästen für den Brückenbau verwendeten, selbst wählten, sei dahingestellt. Sie dienten jedenfalls Washingtons Vater für seine Planung der Brooklyn Bridge. Als dieser nach einer Verletzung bei Vermessungen an Tetanus starb, übernahm sein Sohn Washington die Verantwortung für das Projekt, fiel jedoch wenige Jahre später aufgrund der Dekompressionskrankheit, die er sich bei Unterwasserarbeiten an Brückenpfeilern in Senkkästen zuzog, ebenfalls aus.

Für die verbleibenden zehn Jahre sprang Emily ein. Schnell und eigenständig entwickelte sie sich zur Chefingenieurin. Sie bewies große Kompetenz in Bezug auf die technischen Aspekte der Brückenkonstruktion und ein zunehmendes Geschick im Umgang mit Politikern, Städteplanern und Brückenarbeitern. Weder Washington noch sein Vater konnten der Einweihung des Bauwerks beiwohnen. Emily wurde die wohlverdiente Ehre zuteil, als Erste das legendäre Bauwerk zu überqueren. Die Brücke, so schrieb ein Zeitgenosse, ist „ein immerwährendes Denkmal des hingebungsvollen Engagements einer Frau und ihrer Fähigkeit zur höheren Bildung, die ihr allzu lange verwehrt wurde."

© TTstudio / Shutterstock

🔸 Über Emilys Brooklyn Bridge lässt sich von der City Hall in Manhattan zum Wohnviertel DUMBO im Stadtteil Brooklyn schlendern.

Allahabad High Court
CORNELIA SORABJI
Allahabad, Indien

Wenn eine Frau an den von Männern beherrschten Gerichtshöfen die Türen für Anwältinnen aufstoßen konnte, dann Cornelia Sorabji (1866–1954). Sie erwarb 1893 als erste Frau an der Universität Oxford ihren Bachelor im Zivilrecht, trat als erste Frau vor einem Gericht im Britischen Empire auf und war 1921 die erste Frau am obersten Gericht Allahabad High Court. Obwohl der „alte Männerclub" ihr ständig neue Steine in den Weg legte, stieg Sorabji auf. Sie half den sozial ausgegrenzten *Purdanashins*, ihre Rechtsansprüche durchzusetzen, und beriet die indische Regierung in Rechtsfragen. Im Gerichtsgebäude des Allahabad High Court von 1866 ist die 1995 eingeweihte Cornelia Sorabji Hall heute den Rechtsanwältinnen als Rückzugsraum vorbehalten.

⬅ Das schöne Gebäude des Allahabad High Court darf man nur von außen betrachten – es sei denn, man kommt für einen Prozess.

National Track and Field Hall of Fame
WILMA RUDOLPH
Manhattan, New York City, USA

Am 23. Juni 1940 kam Wilma Rudolph (1940–1994) als 20. von 22 Geschwistern in Saint Bethlehem, Tennessee, zur Welt. Sie würde nie wieder laufen, hieß es, als sie jung an Polio erkrankte. Dann wurde sie die schnellste Läuferin der Welt. 1960 brach sie bei den Olympischen Sommerspielen in Rom drei Weltrekorde mit drei Goldmedaillen: über 100 Meter, 200 Meter und 4 x 100 Meter Staffel. Bei der Heimkehr in die USA drohte sie, ihrer Siegesfeier fernzubleiben, wenn die Rassentrennung für diesen einen Tag nicht aufgehoben würde. „Der Triumph ist ohne den Kampf nicht zu haben", waren ihre Worte.

➡ Die National Hall of Fame der US-Leichtathleten in Washington Heights, Manhattan, ist nur mit einer gebuchten Tour möglich.

Isabella Stewart Gardner Museum

ISABELLA STEWART GARDNER

Boston, USA

Dass in der Vergangenheit Frauen zu Lebzeiten Gehör fanden, war eher selten, geschweige denn, dass ihre Wünsche posthum respektiert wurden. Der schillernden Isabella Stewart Gardner (1840–1924) war dies gelungen. Nach dem Tod ihres Sohnes und einer Fehlgeburt erlitt Isabella eine schwere Depression. Zum Glück waren die Gardners sehr reich und man beschloss, auf Reisen zu gehen, um Isabella aufzuheitern. Eine gute Idee, denn die Reisen inspirierten Isabella und ließen sie zu einer fachkundigen und kühnen Kunstsammlerin werden.

Sollte sie jemals genug eigenes Geld haben, sagte Isabella zu Freunden, würde sie es in ein Haus voller Kunst stecken, das jedem offenstünde. Und das tat sie, als Isabellas Vater ihr eine riesige Summe vermachte. Ihre Privatsammlung zählt zu den erlesensten der Welt, mit Gemälden von Tizian, Vermeer und Rembrandt sowie Kunstgegenständen aus aller Herren Länder. Gardner kam regelmäßig aus ihrem Apartment im vierten Stock hinab in das Museum, um persönlich ihre Exponate neu zu arrangieren. Für die Zeit nach ihrem Tod verfügte Isabella, dass niemals etwas verändert werden durfte. Daher hängen seit dem Kunstraub von 1990, als 13 äußerst wertvolle Werke gestohlen wurden, in den Galerien die leeren Rahmen weiterhin an Ort und Stelle.

📍 Besucherinnen mit dem Namen Isabella genießen in dem Museum ihr Leben lang freien Eintritt.

Mount Everest Base Camp

GERLINDE KALTENBRUNNER

Khumbu, Nepal

Majestätisch thront der Mount Everest über allen Gipfeln des Himalajas und ist bis heute der heilige Gral der Bergwanderer. Alljährlich im Mai sammeln sich am Fuße des Everest in Nepal Hunderte Ambitionierte in der Zeltstadt am Basislager und warten auf das geeignete Zeitfenster bzw. günstiges Wetter für den Gipfelsturm. Es vergeht kein Jahr, in dem der Everest keine Bergsteigerleben fordert.

Heute führen Reiseveranstalter selbst Anfänger mit dicken Brieftaschen den Berg hinauf, manchmal mit fatalen Folgen. In Bergsteigerkreisen wird darüber debattiert, nur denjenigen Zutritt zum heiligen Berg zu gewähren, die ihn aus eigenen Stücken bewältigen können. Dass Gerlinde Kaltenbrunner (geb. 1970) dazugehört, steht außer Frage: Von den neun Alpinisten, die alle vierzehn Achttausendergipfel der Erde ohne Sherpa, Träger oder zusätzlichen Sauerstoff erreichten, ist sie die einzige Frau. Zu diesem kleinen Kreis von Elitebergsteigern gehört Kaltenbrunner seit 2011, als sie die schwierige Besteigung des K2 über die Nordseite meisterte. Nach mehreren Anläufen war dies ihr größter Erfolg.

Die Österreicherin wuchs in Spital am Pyhrn auf und stand im Alter von 13 auf ihrem ersten bedeutenden Gipfel, mit 23 bestieg sie den Broad Peak in Pakistan, ihren ersten Achttausender. Ihr komplettes Gehalt als Krankenschwester steckte Kaltenbrunner in ihre Leidenschaft, bis sie sich nach der Besteigung ihres fünften Achttausenders, des Nanga Parbat, voll und ganz dem Profibergsteigen zuwandte. Kaltenbrunners Leben ist rundum mit der Bergwelt verknüpft und sie hat schon einige gute Freunde bei Bergunfällen verloren. Dieses Risiko ist Teil ihrer Passion und das akzeptiert sie.

„Unterschätze niemals die Kraft deiner Träume."

● Selbst ohne Besteigung des Gipfels ist die Trekkingtour zum Everest Base Camp ein grandioses Erlebnis (8 Tage Aufstieg, 4 Tage Abstieg).

Herschel Museum of Astronomy
CAROLINE HERSCHEL
Bath, England

Als achtes von zehn Kindern in Hannover geboren, erkrankte Caroline Herschel (1750–1848) mit nur zehn Jahren an Typhus und wurde kaum 1,30 Meter groß. „Sie wird nie heiraten", entschied die Familie und ihr stand ein Aschenputtel-Schicksal bevor.

Wie kam es, dass Caroline die erste bezahlte Wissenschaftlerin Englands wurde und die Royal Astronomical Society sie als erste Frau mit der goldenen Medaille ehrte? Carolines Lieblingsbruder Wilhelm, der für eine Anstellung als Musiker nach England umzog, überredete die Eltern, ihm seine kleine Schwester als Assistentin mitzugeben. Dort widmete sich Wilhelm zunehmend seiner Leidenschaft, der Himmelskunde, und die Musik wurde bald zur Nebensache. Seine Entdeckung des Planeten Uranus 1781 machte ihn auf einen Schlag berühmt.

Caroline war seine wichtige Assistentin. Sie notierte alles, was er sah, wenn er am Teleskop klebte, und „durchkämmte" bald selbst den Nachthimmel auf der Suche nach Kometen. Acht Kometen entdeckte Caroline, darunter den nach ihr benannten 35P/Herschel-Rigollet. Auch der Mondkrater C. Herschel trägt ihren Namen und der Planetoid 281 Lucretia ihren Zweitnamen. Die Astronomin spürte außerdem 14 Nebel auf und erstellte einen bis heute verwendeten Sternkatalog.

📍 Das Herschel Museum of Astronomy in Bath befindet sich in einem Haus im georgianischen Stil. Hier lebte das Geschwisterpaar Herschel und machte seine ersten astronomischen Entdeckungen.

NASA Katherine Johnson IV&V Facility
KATHERINE JOHNSON
Fairmont, USA

Sie konnte ihr Leben im Kino sehen, ihr früherer Arbeitgeber benannte ein Gebäude nach ihr und der Präsident überreichte ihr die Freiheitsmedaille. Dies waren einige der letzten Highlights im Leben der Katherine Johnson (1918–2020), die in dem Film *Hidden Figures – Unerkannte Heldinnen* (2016) von Taraji P. Henson verkörpert wurde.

Katherine Johnson war einer der „menschlichen Computer" der NASA, vor der Zeit der Mainframe-Computer, den Großrechnern. Die Tochter einer Arbeiterfamilie in West Virginia bewies schon in der Schule großes mathematisches Talent und schloss mit 14 Jahren die Highschool ab. Später begann sie eine Tätigkeit bei der Vorgängerorganisation der NASA und stellte Berechnungen für Astronauten der Mercury- und Gemini-Programme an. Sie war an Alan Shepards erstem US-Weltraumflug beteiligt und an John Glenns erster amerikanischer Erdumrundung. Ihre Berechnungen sicherten das Gelingen der Mondlandung der Apollo-Astronauten und der Space-Shuttle-Missionen. Sogar einen frühen Entwurf für eine Marsmission arbeitete sie aus.

2019 benannte die NASA zu Ehren der mittlerweile 101-jährigen Johnson die Einrichtung NASA Independent Verification & Validation Facility nach ihr. Sie befindet sich nur wenige Meilen von der West Virginia University entfernt, an der Johnson einst ihren Bachelor in Mathematik absolvierte.

Auf der Webseite www.visitnasa.com sind alle Orte in den USA verzeichnet, in denen es NASA-Besucherzentren gibt.

„Wenn wir unsere Arme verschränken und nachgeben, kann ich unseren Vorfahren nach dem Tod nicht in die Augen sehen. Wenn wir zugrunde gehen müssen, warum nicht bis zum Tod kämpfen?"

Sommerpalast

KAISERIN CIXI

Peking, China

Auf den Wegen des weitläufigen Sommerpalastes in Peking wandelten viele kaiserliche Füße, auch die der Kaiserin Cixi (1835–1908), der heute mit einer Mischung aus Respekt und Abneigung gedacht wird. Die bevorzugte Konkubine des Kaisers Xianfeng stieg in eine einflussreiche Position auf. Nach dessen Tod sicherte sich Cixi über ihren minderjährigen Sohn die Macht und übernahm die Regierungsgeschäfte, indem sie sich über traditionelle Regeln der kaiserlichen Nachfolge hinwegsetzte.

Keine Kaiserinwitwe in China war mächtiger und länger im Amt als Cixi. 1888 ließ sie den im Zweiten Opiumkrieg zerstörten Sommerpalast wieder aufbauen. In der „Halle der Freude und Langlebigkeit" lagen ihre Privatgemächer, im „Pavillon des Buddhistischen Wohlgeruchs" brachte sie Opfer dar und bat um Gnade, die „Halle der Ziehenden Wolken" diente ihr zum Empfang der Gäste, für Rituale und Feierlichkeiten. Cixi stellte Widersacher im Palast unter Hausarrest und hielt Kaiser Guangxu in der luxuriösen „Halle der Jadewellen" gefangen. Ihre umstrittene Restaurierung des dekorativen Marmorschiffs mit Geldern, die eigentlich an die Marine fließen sollten, galt als Inbegriff der Dekadenz und formte das Bild einer machtlüsternen, gewieften Intrigantin. Doch manche Historiker sehen in Cixi weniger eine skrupellose als vielmehr ausgesprochen geschickte Frau, die konsequent darauf bedacht war, die Kontrolle über das riesige Kaiserreich zu halten.

📍 Mit der U-Bahn-Linie 4 gelangt man bis Beigongmen, von dort sind es fünf Minuten zu Fuß bis zum Nordtor des Sommerpalastes.

Peggy Guggenheim Collection

PEGGY GUGGENHEIM

Venedig, Italien

Nur wenige Kunstverliebte waren so intensiv mit ihren gesammelten Kunstwerken und deren Künstlern verbandelt wie Peggy Guggenheim (1898–1979). Sie war der Sprössling einer berühmten Industriellenfamilie, von der sie sich immer abgrenzen wollte. Passioniert und einflussreich stürzte sie sich in die Welt der Kunst. Nach ihrer Kindheit und Jugend in New York stieß sie in den 1920er-Jahren zur Pariser Bohème und tat sich mit Künstlern wie Marcel Duchamp und Constantin Brâncusi zusammen. Ihre Vorlieben reichten vom Kubismus über den Surrealismus hin zum abstrakten Expressionismus, einige Zeit bevor diese populär wurden. In ihrer Galerie „Museum of this Century" in New York City setzte sie die Räume entsprechend der darin gezeigten Kunst in Szene. So war der surrealistische Raum in geschwungenen Linien gestaltet, während im kubistischen Raum die Wände mit blauen Stoffen verhängt waren und die Gemälde von der Decke hingen. Peggy förderte viele Künstler, etwa Jackson Pollock, Mark Rothko und Robert Motherwell. 1948 zeigte sie ihre Sammlung auf der Biennale in Venedig und erwarb wenig später am Canale Grande den Palazzo Venier dei Leoni aus dem 18. Jahrhundert. Der Palast mit langer Fassade und schönen Gärten blieb fortan Peggys Zuhause und beherbergte ihre berühmte Kunstsammlung, bis er zu dem Museum wurde, wie wir es heute kennen.

© s74 / Shutterstock

● Die Peggy Guggenheim Collection zählt zu den meist besuchten Sehenswürdigkeiten Venedigs – daher Tickets möglichst im Voraus buchen.

Althing
JÓHANNA SIGURÐARDÓTTIR
Thingvellir-Nationalpark und Reykjavik, Island

Als isländische Premierministerin von 2009 bis 2013 war Jóhanna Sigurðardóttir (geb. 1942) weltweit die erste offen homosexuelle Chefin einer Regierung (und des ältesten Parlaments). Davor engagierte sie sich in Gewerkschaften und wurde 1978 als Abgeordnete mit klarer sozialliberaler Agenda ins Parlament gewählt. Die Premierministerin steuerte ihr Land durch die Nachwirkungen der großen Finanzkrise von 2008. An dem Tag im Jahr 2010, als gleichgeschlechtliche Eheschließungen in Island legalisiert wurden, heiratete sie ihre Partnerin.

⬅ Islands Parlament, das Althing, geht auf das Jahr 930 zurück. 1881 nahm das moderne Alting seinen Sitz in Reykjavík.

Fanny Blankers-Koenlaan
FANNY BLANKERS-KOEN
Amstelveen, Niederlande

„Die fliegende Hausfrau" nannte man die niederländische Spitzenathletin Fanny Blankers-Koen (1918–2004) nach ihrer fantastischen Leistung bei den Olympischen Sommerspielen 1948 in London. Der Star in Sprint, Hürdenlauf und Hochsprung gewann in London gleich vier Mal Gold – das hat bis heute keine Athletin geschafft. Und noch dazu war sie schwanger! Im Verlauf ihrer grandiosen Karriere stellte Blankers-Koen 16 Weltrekorde in acht verschiedenen Disziplinen auf. 1999 ernannte sie der Leichtathletik-Weltverband IAAF zur Leichtathletin des 20. Jahrhunderts.

➡ Eine Statue an der Van Aerssenlaan in Rotterdam zeigt Fanny im Laufschritt. Auch eine Straße in Amstelveen trägt ihren Namen.

Universität al-Qarawīyīn
FATIMA AL-FIHRI
Fès, Marokko

Wer sich fragt, wie die ersten Universitäten entstanden sind, wird erstaunt sein. Die allererste Universität, die 859 in den engen mittelalterlichen Gassen von Fès gegründet wurde, verdankt die Welt der muslimischen Bildungspionierin Fatima al-Fihri (um 800–880). Viel ist über sie nicht bekannt. Mit ihrem Vater, einem Händler, und der jüngeren Schwester Mariam kam sie aus Kairouan (heute in Tunesien) in die spirituelle und kulturelle Hauptstadt Marokkos.

Die gläubige und gebildete Fatima beschloss nach dem Tod des Vaters, ihr Erbe in den Bau einer Moschee und einer Lernstätte für ihre Gemeinde zu investieren. Die Einrichtung nannte sie Quaraouiyine, nach ihrem Geburtsort. Zu der ursprünglich reinen Koranschule kamen allmählich die Fächer Mathematik, Wissenschaft, Recht, Philosophie, Astronomie und Arabisch hinzu. Die Schule stand Studenten jeder Altersgruppe und Religion offen und sorgte für akademische und kulturelle Verbindungen zwischen Europa und der islamischen Welt.

Der Islamhistoriker Ibn Chaldūn, der jüdische Philosoph Maimonides oder auch der spätere Papst Sylvester II. zählen zu den renommiertesten Absolventen. Fatima al-Kabbaj, die Mitte der 1950er-Jahre als eine der ersten Frauen die Universität besuchte, wurde Jahrhunderte später die erste Frau im Hohen Rat der Religionsgelehrten in Marokko.

Die Moschee wurde von einer Dynastie zur nächsten erweitert und ist heute eine der größten Afrikas. Der große Komplex steht nur Muslimen offen, doch durch das geöffnete Tor lässt sich oft ein Blick erhaschen in den prachtvollen Innenhof mit den bezaubernden Zellij-Mosaiken und kunstvollen Stuck- und Zedernholzornamenten. Passenderweise wurde 2012 eine Frau, die Architektin Aziza Chaouni, mit der Restaurierung der historischen Universitätsbibliothek beauftragt, die bis heute andauert. Die weltälteste noch bestehende Bibliothek besitzt entsprechend viele wertvolle Handschriften und uralte Bände, u. a. einen Koran aus dem 9. Jahrhundert.

Visionär und sehr engagiert schuf Fatima die älteste existierende, ununterbrochen lehrende Universität der Welt, der weitere folgen sollten, wie 1088 in Bologna die erste Universität Europas, 1348 in Heidelberg die erste Deutschlands und 1636 mit Harvard die erste Universität der USA.

📍 Der Eingang zu der Moschee befindet sich auf der Straße Derb Boutouil – einfach die Tala'a Kebira hinuntergehen, dann stößt man darauf. Allerdings haben nur praktizierende Muslime Zutritt.

Apia Harbour
ZITA MARTEL
Upolu, Samoa

Im Jahr 2000 suchte eine örtliche Kirchengemeinde auf der Insel Upolu, Samoa, einen Skipper für ihr bis zu 50 Ruderer fassendes Fautasi-Langboot. Man wusste, dass Zita Martel im College gerudert hatte. Nun gut, sie war zwar eine Frau, und Frauen gab es bisher nie in einem Fautasi-Team. Doch besser als nichts. Zita lehnte erst ab, willigte schließlich ein … und schrieb Geschichte.

Martel führte ihr Team von einem Sieg zum nächsten, sogar gegen die schnelleren Glasfaserboote von Amerikanisch-Samoa und bei der Meisterschaft anlässlich der Fünfzigjahrfeier zur Befreiung von Samoa, die zufällig mit Zitas fünfzigstem Lebensjahr zusammenfiel. Einen Teil ihres Erfolges führt Zita auf ihre mütterliche Art zurück, mit der sie das Team zusammenhält.

2013 ließ die erste komplett weibliche Fautasi-Crew ihr Boot zu Wasser und setzte den von Zita begonnenen kulturellen Wandel fort. Im selben Jahr brachte Zita eine Goldmedaille im Bogenschießen von den Pazifikspielen nach Hause. Um ihre Errungenschaften zu feiern, ließ sich Zita *Malu* stechen, die traditionellen samoanischen Beintätowierungen, die mit der schmerzhaften Kamm- und Hammertechnik gemacht werden. Seither macht sich die „Queen der Langboote" ihren lokalen Ruhm zunutze und erhebt lautstark ihre Stimme im Kampf gegen häusliche Gewalt in ihrem Land.

Die größten Fautasi-Regatten des Jahres finden im Hafen von Apia während des Teuila-Festivals und der Unabhängigkeitfeiern statt.

PIONIERINNEN

Liaquat Bagh
BENAZIR BHUTTO
Rawalpindi, Pakistan

Eigentlich ist Liaquat Bagh einfach nur ein Stadtpark in der heißen Sonne von Rawalpindi. Doch seine grünen Wiesen sind von Erinnerungen an gleich mehrere Massaker gebrandmarkt. An diesem Ort wurde 1951 der erste Premierminister Pakistans ermordet, nach dem der Park fortan benannt wurde. Hier wurden 1973 Dutzende Anhänger der Awami-Nationalpartei angeblich auf Geheiß von Bhuttos Vater getötet. Und es kam dort zuletzt zur Ermordung von Benazir Bhutto (1953–2007), der zweimaligen Premierministerin von 1988 bis 1990 und 1993 bis 1996, der ersten gewählten Frau weltweit an der Spitze eines islamischen Staates.

Als Benazir Bhutto zum ersten Mal an die Macht kam, war sie eine glanzvolle 35-Jährige mit Oxford- und Harvard-Abschlüssen, die geballte Kraft ihres Volkes hinter sich wissend. 1990 bekam sie als erste Frau der Welt während ihrer Amtszeit ein Kind. „Am nächsten Tag war ich wieder bei der Arbeit, ich las Regierungstexte und unterschrieb Regierungsakten", schrieb sie später. Es war nicht von Dauer. Sie hätte sich illegal riesige Privatvermögen angeeignet, lauteten die schwerwiegenden Korruptionsvorwürfe. Dann wurde Bhutto 2007, kurz vor der erneuten Wiederwahl, auf der Wiese von Liaquat Bagh, Opfer eines Attentats der pakistanischen Taliban.

Zum Park gelangt man mit dem Taxi oder lokalen MetroBus-Service Rawalpindi–Islamabad. Eine Gedenkstätte sucht man dort vergebens.

© Robert Nickelsberg / Getty Images

Turm des Mondes und der Sterne
KÖNIGIN SEONDEOK
Gyeongju, Südkorea

Ein Besuch in Gyeongju, der einstigen Hauptstadt des Königreichs Silla, führt zu dem „Turm des Mondes und der Sterne" bzw. Cheomseongdae. Die um 632 unter Königin Seondeok (um 600–647), der ersten koreanischen Monarchin, errichtete Sternwarte ist die älteste in ganz Asien. Die Astronomen, so heißt es, mussten sich auf den Rücken legen, um die Sterne durchs Turmdach zu betrachten! Königin Seondeok war bekannt für ihre Klugheit und Fähigkeit des Brückeschmiedens in turbulenten Zeiten der Geschichte Koreas und nicht nur an Astronomie interessiert. Sie hätte die einfühlsame Gabe besessen, Zeichen zu deuten und Ereignisse vorherzusehen. Der Legende nach sagte Königin Seondeok den Angriff eines rivalisierenden Königreichs anhand des Quakens der Frösche am Teich voraus, weshalb die einfallenden Soldaten erfolgreich gefangen wurden. Ihr Vater, der König, bestimmte sie zu seiner Nachfolgerin, da sie schon als Kind große Intelligenz bewies: Sie erkannte auf dem Bild einer Pfingstrose, dass diese nicht gut roch, da keine Insekten an der Blüte zu sehen waren, was sich bewahrheitete!

Königin Seondeok war eine feinfühlige Anführerin. Sie stärkte die Bande zu China und verhalf dadurch Silla zum späteren Sieg über die anderen Königreiche in Korea. Seondeoks Sternwarte war die erste ihrer Art und Modell für weitere Observatorien in Japan und China. Cheomseongdae ist in 27 Lagen angeordnet, entsprechend der Rolle der Königin als 27. Oberhaupt des Silla-Reiches. Die Dachkonstruktion des neun Meter hohen Turmes ist wie das chinesische Schriftzeichen für „Brunnen" geformt. Zu einer Zeit, als Frauen wenig Macht besaßen, war Königin Seondeok eine astronomische und politische Wegbereiterin und Inspiration für zukünftige Herrscherinnen und Wissenschaftlerinnen.

© photo_jeongh / Shutterstock

● Der „Turm des Mondes und der Sterne" steht in einer schönen Parkanlage voller Wildblumen am südlichen Stadtrand von Gyeongju.

Universität Utrecht
ANNA MARIA VAN SCHURMAN
Utrecht, Niederlande

Anna Maria van Schurman (1607–1678), auch von Schürmann, war die erste Studentin Europas. Ihre Eltern gewährten ihr die gleiche Erziehung wie ihren Brüdern, was damals wenig üblich war. Als ihr herausragender Intellekt zutage trat, durfte sie sich akademisch weiterbilden, anstatt sich in häuslichem Geschick zu üben. Van Schurman besuchte Vorlesungen an der Universität Utrecht und wurde Schriftstellerin, Künstlerin, Philosophin und Theologin. Mindestens 14 Sprachen sprach sie, u. a. Französisch, Türkisch, Arabisch und Äthiopisch. Sie war bildende Künstlerin und schrieb Gedichte auf Niederländisch, Deutsch, Griechisch, Latein und Hebräisch.

Ihre umfassende Bildung machte van Schurman seinerzeit zur gelehrtesten Frau Europas. Sie korrespondierte mit zahlreichen Intellektuellen der europäischen Oberschicht, Männern wie Frauen, und empfing Besuche der Königsfamilie, von Schriftstellern und Mathematikern. Ihr Werk *Dissertatio*, später auf Deutsch mit dem Titel *Darf eine christliche Frau studieren?*, war ein Plädoyer für die höhere Bildung von Frauen. Ihr eigener Lebensweg war Beispiel genug dafür, dass Frauen zum Lernen fähig waren, wenn man ihnen nur die gleichen Chancen wie Männern gewährte und sie nicht ausschließlich auf die Mutterschaft vorbereitete.

● Man kann die Universität Utrecht besichtigen, an der van Schurman studierte und in deren Nähe sie fast ihr gesamtes Leben verbrachte.

Burg Canossa
MATHILDE VON CANOSSA
Canossa, Italien

Mathilde von Canossa (1046–1115) war eine der mächtigsten Figuren im mittelalterlichen Italien. Ihr Herrschaftsgebiet umschloss einen breiten Streifen in Norditalien mit Modena, Reggio, Mantua, Ferrara und der Toskana. Ihr Vater, Bonifatius von Canossa, war ein lombardischer Adliger, ihre Mutter Beatrix die Nichte des Königs Konrad II. Nach dem Tod ihres Vaters und den zwei älteren Geschwistern wurde Mathilde Alleinerbin umfassender Besitztümer. Die gläubige Christin unterstützte das Pontifikat im Konflikt gegen den Heiligen Römischen Kaiser, was als Investiturstreit in die Geschichte einging.

Mathildes Leben war abenteuerlich – sie wurde mit ihrer Mutter von Kaiser Heinrich III. in Geiselhaft genommen und kämpfte in Rüstung gegen Heinrich IV. Ihrem engen Freund Papst Gregor VII. stand sie enorm zur Seite. So fiel Heinrich IV. in ihrer Burg Canossa vor dem Papst auf die Knie. Auch ihr Privatleben war recht dramatisch. Die Markgräfin heiratete zweimal, das zweite Mal im Alter von 43 den 17-jährigen Welf V., Herzog von Bayern und Kärnten. Sie war eine Intellektuelle und für ihre Zeit ungewöhnlich gebildet, sprach mehrere Sprachen und war eine einflussreiche Kunstmäzenin.

Die Ruinen der Burg Canossa am Rande des Appenin bei Reggio, einstiger Sitz ihrer Macht, beherbergt heute auch ein Museum.

Kosmodrom Baikonur
WALENTINA TERESCHKOWA

Baikonur, Kasachstan

Im fernen Westen Kasachstans (bis 1991 Teil der Sowjetunion) liegt das Kosmodrom Baikonur. Das seltsame Stück Land auf kasachischem Boden ist bis 2050 an Russland verpachtet. Von diesem Raketenstartplatz flog 1961 der erste Mensch ins All. 1963 ging Baikonur wieder in die Geschichte ein, als von dort das Raumfahrzeug Wostok 6 unter dem Kommando der ersten Frau im All startete. Die 26-jährige Walentina Tereschkowa (geb. 1937) blieb über 70 Stunden im Weltraum und umkreiste 48 Mal die Erde, bevor sie im Altaigebirge wieder landete.

Tereschkowa verfügte über keine Pilotenerfahrung, als sie sich für das sowjetische Raumfahrtprogramm meldete, wurde jedoch wegen ihres extremen Hobbys ausgewählt: Sie hatte schon 126 Fallschirmsprünge für den Luftsportclub von Jaroslawl absolviert. Seinerzeit mussten die Kosmonauten Sekunden vor dem Aufprall mit Fallschirmen aus der Landekapsel springen. Walentina flog nicht mehr ins All, sondern arbeitete als Testpilotin und Fluglehrerin. Für ihren großartigen Einsatz wurde ihr der Ehrentitel „Held der Sowjetunion" verliehen.

● Baikonur ist nur im Rahmen einer geführten Tour zu besichtigen, die man rechtzeitig im Voraus buchen sollte.

Indira Gandhi Memorial Museum
INDIRA GANDHI
Neu-Delhi, Indien

Ihr gesamtes Leben war von Gewalt durchzogen. In den 18 Jahren als viermalige indische Premierministerin erlebte Indira Gandhi (1917–1984) die Abspaltung Bangladeschs von Pakistan und führte elf Monate einen Krieg mit Pakistan, den Indien gewann. Ihr jüngerer Sohn starb beim Flugzeugabsturz. Gandhi kämpfte gegen Korruptionsvorwürfe, verhängte den Ausnahmezustand über ihr Land, setzte sich über Verfassungsrechte hinweg und jagte Dissidenten ins Gefängnis. Die Situation eskalierte, als das Militär unter ihrer Regie nach einer kurzen Rebellion separatistischer Sikhs im heiligsten Tempel der Sikh in Punjab ein Blutbad anrichtete. Auf gleiche Weise starb Indira, ermordet 1984 von ihren Sikh-Leibwächtern aus Entsetzen über Gandhis Verrat. Einige Jahre später riss eine Selbstmordattentäterin Indiras zweiten Sohn, der nach ihrer Ermordung rasch zum Premierminister ernannt wurde, in den Tod.

Von Gewalt ist kaum etwas zu sehen in ihrem Haus, dem heutigen Indira Gandhi Memorial Museum, dafür aber endlose Bücherstapel, Fotografien, elegante Möbel und sogar der Sari, den Gandhi zuallerletzt trug – die schmerzliche Erinnerung an eine mächtige Frau, den „einzigen Mann im Kabinett".

Die dem Museum am nächsten gelegene Metrostation heißt Lok Kalyan Marg.

The Beehive
JACINDA ARDERN
Wellington, Neuseeland

Als die Neuseeländerin Jacinda Ardern (geb. 1980) ihr Amt 2017 antrat, war sie 37 Jahre alt – und schwanger. Sie ist aber nicht der jüngste Premier Neuseelands und auch nicht die erste Frau, sondern die dritte in diesem Amt. Das ist wenig überraschend, war die Nation doch bereits Vorreiterin im Frauenwahlrecht, als sie 1893 als erstes demokratisches Land den Frauen den Gang zur Wahlurne gewährte. Doch Jacinda agiert als Regierungschefin an vielen Fronten richtungsweisend, sei es ihr versierter Umgang mit den sozialen Medien, das zweisprachige Aufwachsen ihrer Tochter mit Maori und Englisch oder auch ihre einfühlsame Reaktion auf das Moscheen-Massaker in Christchurch. Die Art und Weise, wie sie dem Attentäter keinerlei Publicity bot und für die Opfer versöhnende, tröstende Aktionen initiierte, sind ein Modell, wie die Welt anders und kraftvoll auf neuen Terror reagieren kann.

Der Ort, an dem Ardern die Welt mit ihren Reden beeindruckte und die sie mit ihrem Beitrag zur humorvollen Werbung (#getNZonthemap) der neuseeländischen Tourismusbehörde amüsierte, ist das Parlament in der Hauptstadt Wellington. Im Beehive („Bienenkorb"), dem modernistischen Bau neben den neoklassizistischen Gebäuden, liegen die Büros und Tagungsräume des Kabinetts und der Premierministerin. Vom Besucherzentrum im Foyer starten täglich kostenlose Führungen durch das Parlament.

● Das Beehive liegt zu Fuß zehn Minuten vom Bahnhof Wellington und 15 Minuten von der Waterfront entfernt.

© Robert CHG / Shutterstock

Executive Mansion
ELLEN JOHNSON SIRLEAF
Monrovia, Liberia

„Die Größe deiner Träume muss deine gegenwärtige Fähigkeit übersteigen, sie zu erreichen. Wenn deine Träume dich nicht schrecken, sind sie nicht groß genug."

Sie wurde als erste Frau zum Staatsoberhaupt in Afrika gewählt. Ellen Johnson Sirleaf (geb. 1938) kam in Monrovia als Tochter eines Vaters vom Volk der Gola und einer deutschstämmigen Mutter zur Welt. Nach ihrem Master an der Harvard University in den USA kehrte sie nach Liberia zurück und wurde Finanzministerin unter Präsident William Tolbert. Später holte Präsident Samuel Doe sie während der Militärdiktatur in sein Team. Bekannt für ihre finanzielle Integrität, geriet sie mit beiden Staatschefs in Streit. Zweimal wurde sie unter Doe inhaftiert und zu einer zehnjährigen Gefängnisstrafe verurteilt, als sie bei den nationalen Wahlen 1985 die Militärregierung kritisierte. Nach Jahren im Exil und einer erfolglosen Kandidatur um die Präsidentschaft 1997 wurde sie in das Amt der Präsidentin von Liberia gewählt, das sie von Januar 2006 bis Januar 2018 ausübte.

In ihre Amtszeit fielen ökonomisches Wachstum, die Ebola-Epidemie und Vorwürfe der Vetternwirtschaft. Doch in diesen zwölf Jahren erlebte das Land Frieden. Sirleaf erhielt mit zwei weiteren Frauen 2011 den Friedensnobelpreis u. a. für ihren Einsatz für die Stärkung der Frauenrechte. Für ihre Dienste um die Befriedung und Versöhnung Liberias nach einem langen Bürgerkrieg wurde sie 2017 mit dem afrikanischen Mo-Ibrahim-Preis ausgezeichnet.

Das Executive Mansion, offizieller Wohn- und Amtssitz des liberianischen Präsidenten, ist nicht öffentlich zugänglich. Bewunderer der Ex-Präsidentin Sirleaf finden eine Büste von ihr auf dem Campus der Universidad para la Paz (UNO-Friedensuniversität) in Costa Rica.

Ocean Village Marina
TRACY EDWARDS
Southampton, England

Als die Skipperin Tracy Edwards (geb. 1962) mit ihrer zwölfköpfigen Crew 1989 die gebrauchte Jacht *Maiden* aus dem Jachthafen Ocean Village in Southampton navigierte, schrieb sie Segelgeschichte. Es war das erste komplette Frauenteam in der Mannschaftsregatta Whitbread Round the World Race (heute Ocean Race genannt), eine der härtesten Regatten der Welt. Die *Maiden*, die Edwards und ihr Team eigenhändig restaurierten, wurde mit Kritik und sexistischen Bemerkungen überhäuft und von einem Reporter als „Dose voller Törtchen" verhöhnt. Neun Monate und fast 33 000 Seemeilen später belehrte die damals 27-jährige Edwards mit ihrer Crew die Spötter eines Besseren, als sie triumphierend auf Platz zwei ihrer Bootsklasse in Southampton einlief. Edwards erhielt den britischen Verdienstorden MBE und als erste Frau die Auszeichnung „Yachtsman of the Year Trophy". Dreißig Jahre später wurde die bemerkenswerte Geschichte der *Maiden* im gleichnamigen Dokumentarfilm verewigt. Inzwischen segelt die *Maiden* wieder, nachdem sie nach dem Whitbread-Rennen verkauft wurde und jahrelang auf den Seychellen herumdümpelte. 2014 hörte Edwards von dem desolaten Zustand der Hochseejacht, kaufte sie und machte sie flott, um auf einer mehrjährigen Weltumseglung Geld für Frauenförderprojekte zu sammeln – mit rein weiblicher Besatzung natürlich.

Der reizvolle Jachthafen Ocean Village in Southampton ist ein renommierter Start- und Endpunkt für Großregatten um die ganze Welt und hat zahllose Shops, Bars und Restaurants zu bieten.

Harem im Topkapı-Palast
ROXELANE
Istanbul, Türkei

In den Palästen des Osmanischen Reiches regierten Sultane, doch Roxelane (um 1502–1558) war der Beweis für das alte Sprichwort „hinter jedem starken Mann steht eine starke Frau". Im konkreten Fall hieß der starke Mann Süleyman I., der Prächtige, der das 600-jährige Osmanische Reich im 16. Jahrhundert zur großen Blüte führte. Roxelanes Aufstieg aus dem Harem in die obersten Ränge liest sich wie das Drehbuch zu *Game of Thrones*. Roxelane wuchs in ärmlichen Verhältnissen in der heutigen Ukraine auf. Sie wurde 15-jährig von Krimtataren geraubt und nach Konstantinopel (heute Istanbul) gebracht, wo sie als Geschenk der allmächtigen Valide Sultan (Mutter des Sultans) zum Harem von Sultan Süleyman stieß. Roxelane stach sämtliche Rivalinnen aus, selbst die Mutter von Süleymans künftigem Erben. Sie wurde die Haseki Sultan (Lieblingsgemahlin) mit dem persischen Beinamen *Hürrem*, die „Fröhliche".

Nicht zufällig endeten mehrere Versuche tödlich, Roxelanes kometenhaften Aufstieg zu behindern. Ibrahim Pascha, Süleymans alter Freund und treuer Großwesier, wurde erdrosselt, als er sich gegen Roxelanes Einfluss wehrte, und Mustafa, Süleymans ältester Sohn, wurde hingerichtet. Damit sicherte Roxelane ihren Kindern das Überleben und ihrem ältesten Sohn die Thronfolge. Denn zwecks Klärung der Thronfolge war Brudermord im Osmanischen Reich institutionalisiert. Erst der sanfte Ahmed I. brach mit den Prinzenmorden und stellte seine Geschwister lieber im „Prinzenkäfig" unter Hausarrest.

Roxelane jedenfalls missachtete die Gepflogenheiten. Sie erlangte eine beispiellose Machtposition und läutete den Zeitraum der 150 Jahre währenden „Herrschaft der Frauen" ein, in der sie als Haseki Sultan und Valide Sultan bedeutenden Einfluss auf die Politik nahm. Roxelane mischte sich in Süleymans Politik ein, als die Ausdehnung und Kultur des Osmanischen Reiches ihren Höhepunkt erreichte. Die von Roxelane in Auftrag gegebenen Moscheen, Madrasas, Hamams und Suppenküchen sind bis heute von Istanbul bis Mekka zu finden. Eine Tour durch den osmanischen Topkapı-Palast gewährt einen privilegierten Blick auf die Gemächer und Innenhöfe des 300 Räume umfassenden Harems.

Den Topkapı-Palast im Istanbuler Altstadtviertel Sultanahmet betritt der Besucher über das „Großherrliche Tor" neben der Hagia Sophia.

Harry's Bar
JAN MORRIS
Venedig, Italien

Als 2018 Jan Morris 92 Jahre alt wurde, war sie ebenso lange Jan wie James. In dem autobiografischen Werk Conundrum berichtet Morris über die Operation zur Geschlechtsangleichung, der sich James 1972 unterzog. Es war damals nicht üblich und machte die Scheidung von seiner Frau Elizabeth notwendig. James hätte sich vielleicht wirklich getrennt, doch Jan und Elizabeth blieben zusammen und heirateten erneut, als 2008 gleichgeschlechtliche Ehen erlaubt wurden. Unter den Stufen zu ihrem Haus in Wales wartet ihr Grabstein mit der Inschrift: „Hier sind zwei Freunde am Ende eines Lebens."

Auf einen Schlag bekannt wurde Morris 1953 als Reporter, dem es vom Everest Base Camp aus mithilfe von Läufern und einem verschlüsselten Text gelang, die Erstbesteigung des höchsten Gipfels der Erde zu übermitteln. Seine Nachricht erreichte London zeitgleich mit der Krönung Königin Elizabeths II. Morris bereiste die Welt und schrieb viele Reisebücher, u. a. über Australien *(Sydney)*, England *(Oxford)*, die USA *(Coast to Coast)*, oder auch eine Trilogie über das britische Empire *(Pax Britannica Trilogy)*. Ihr Werk *Venice* von 1960 ist eine Liebeserklärung an Venedig und wurde ein Bestseller im englischsprachigen Raum. So gibt es keinen besseren Ort der Begegnung mit Jan Morris als die gute alte Harry's Bar am Canal Grande, die Morris 1945 als 18-jähriger Soldat für sich entdeckte.

● Der legendäre Bellini-Cocktail ist eine Kreation der Harry's Bar. Auch den klassischen trockenen Martini mit viel Gin (ohne Olive) gibt's hier.

Cheung Chau Windsurfing Centre
LEE LAI-SHAN
Hongkong, China

Nicht überall auf der Welt kennt man Lee Lai-shan (geb. 1970), doch in Hongkong wird die Windsurferin verehrt. Sie holte 1996 Gold bei den Olympischen Sommerspielen – die erste und bisher einzige Goldmedaille für Hongkong. Lee wuchs auf der Insel Cheung Chau auf, knapp zehn Kilometer vom pulsierenden Hongkonger Zentrum entfernt, aber gefühlt auf einem anderen Planeten. Im kleinen Hafen schaukeln Fischerboote mit Wäsche an den Masten wie Fahnen im Wind und in dem Hauptort bimmeln radelnde Bewohner mit ihren Fahrradklingeln, Autos sind dort verboten. Tempel verströmen betörenden Räucherduft und in den Gassen locken Fischrestaurants und kleine Läden mit lokalen Speisen. Der feinsandige Hauptstrand erstreckt sich am Ostrand der Landenge und wird jedes Wochenende von Tagesausflüglern bevölkert. Hinter einer kleinen Landzunge weiter rechts liegt der ruhigere Kwun Yam Beach, das Reich von Lee Lai-shan. Hier trainierte sie im Cheung Chau Windsurfing Centre ihres Onkels, ein entspannter Surfspot mit Windsurfing-Kursen und Materialverleih. Nach einer Spritztour über die blaugrünen Wellen im Südchinesischen Meer schmeckt das Bier auf der kleinen Caféterrasse besonders gut. Danach lohnt der Besuch in einem der vier Tempel zu Ehren der Meeresgöttin. Frauen, die das Wasser beherrschen, zollt man in dieser Metropole am Meer großen Respekt.

Von den Central Ferry Piers in Hongkong setzt man mit der Fähre in 35 Minuten nach Cheung Chau über.

Château de Chenonceau
KATHARINA VON MEDICI

Loiretal, Frankreich

Kaum eine Frau in der Geschichte war mächtiger als Katharina von Medici (1519–1589). Die in Florenz in den berüchtigten Medici-Clan hineingeborene Katharina hatte als Gemahlin von König Heinrich II. (den sie im Alter von 14 Jahren ehelichte) und als spätere Regentin in Frankreich eine signifikante Machtposition inne. Sie gebar zehn Kinder, von denen sieben überlebten. Insbesondere während der französischen Religionskriege zwischen Katholiken und Hugenotten war ihr politischer Einfluss signifikant. Der tödliche Unfall Heinrichs II. bei einem Turnier katapultierte Katharina auf die politische Bühne. Ihr ältester Sohn Franz II. folgte dem Vater auf den Thron, starb jedoch im Jahr darauf. So wurde 1560 ihr zweiter Sohn Karl IX. König von Frankreich und Katharina übernahm die Regentschaft des Landes für den erst Zehnjährigen. Auch als ihr nächster Sohn, Heinrich III., nach Karls Tod König wurde, behielt Katharina von Medici die Macht und versuchte zwischen den rivalisierenden Fronten in den Bürgerkriegen zu vermitteln, allerdings ohne Erfolg.

Zu Katharinas Missfallen widmete sich ihr Mann intensiv seiner Mätresse Diana von Poitiers und schenkte ihr das Schloss Chenonceau, eines der elegantesten Schlösser im Loiretal. Die markanten Bögen und eine formelle Gartenanlage gehen auf Dianas Entwürfe zurück. Nachdem Heinrich gestorben war, zwang Katharina de Medici ihre alte Rivalin, Schloss Chenonceau zurückzugeben, im Austausch gegen das weniger prächtige Schloss Chaumont, und stellte selbst den Bau von Chenonceau fertig.

© Vladimir Sazonov / Shutterstock

Die zauberhafte Architektur von Chenonceau ist zum Großteil das Werk einiger bemerkenswerter Frauen und trägt daher den Beinamen *Château des Dames*, „Schloss der Damen".

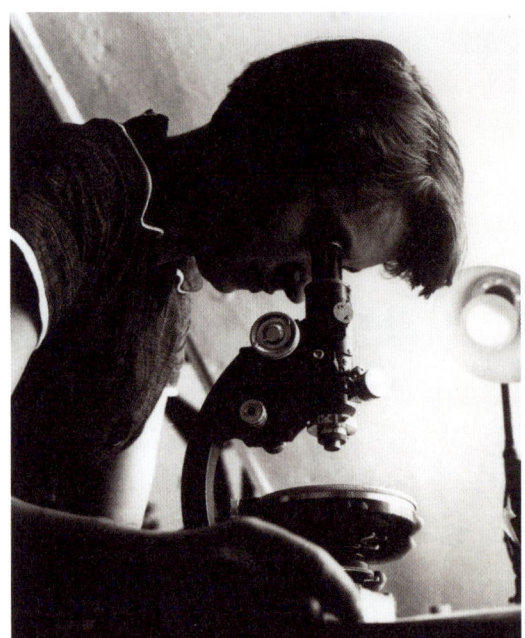

Donovan Court, Drayton Gardens
ROSALIND FRANKLIN
London, England

Bekanntermaßen teilten sich Crick, Watson und Wilkins den Nobelpreis für die Entdeckung der DNA-Doppelhelix. Der entscheidende Anteil an der Aufklärung der Molekularstruktur ihrer wissenschaftlichen Kollegin und Cambridge-Absolventin Rosalind Franklin (1920–1958) wurde viele Jahre lang mit keinem Wort erwähnt. Noch lange nach ihrem Tod überging man Franklins Untersuchungen zu den DNA-Strängen, bis sie doch posthume Anerkennung erfuhr. Eine blaue Plakette schmückt Franklins früheres Wohnhaus in London zur Würdigung ihrer bahnbrechenden Erkenntnisse zur DNA-Struktur.

← Rosalind Franklin lebte in Chelsea, Donovan Court, bis sie 37-jährig an Eierstockkrebs starb.

Golden Gate Bridge
KIM CHAMBERS
San Francisco, USA

Von dem eiskalten Nordkanal bis zu den haiverseuchten Fluten des Pazifischen Ozeans – auf unserem Planeten gibt es nur wenige offene Gewässer, die Kim Chambers nicht durchschwimmen würde. Die gebürtige Neuseeländerin gehört zu den erfolgreichsten Langstreckenschwimmern der Welt. 2014 meisterte sie als sechster Mensch (und dritte Frau) die Ocean's Seven Challenge (die sieben berühmtesten Meerengen), die bei Bergsteigern den Seven Summits, den höchsten Gipfeln jedes Erdteils entspricht. Weitere Rekorde folgten. So schwamm sie 2015 als erste Frau der Welt solo von den Farallon-Inseln bis zur Golden Gate Bridge. Für diese Meisterleistung brauchte sie 17 Stunden und 12 Minuten.

→ Bei guter Sicht lassen sich die Farallon-Inseln von der Golden Gate Bridge und anderen Aussichtspunkten aus erkennen.

Golden Threshold
SAROJINI NAIDU
Hyderabad, Indien

Nicht weit von den lauten, überfüllten Straßen des Geschäftsviertels Abids liegt das Golden Threshold, ein weißer, von einem Balkon und Arkaden gesäumter Flachbau. In dem Gebäude, das zur Universität von Hyderabad gehört und als kulturelles Zentrum für Vorführungen, Gespräche und Vorträge genutzt wird, lebte früher Sarojini Naidu (1879–1949) mit ihren vier Kindern, Ehemann und Haustieren. Indische Schulbücher sind voller Gedichte der Poetin Naidu. Sie war Mitglied der britischen literarischen Gesellschaft Royal Society of Literature und wurde die „Nightingale of India" genannt, die „Nachtigall Indiens" – *The Golden Threshold* war der Titel ihrer ersten Gedichtsammlung.

Doch Naidu war nicht nur eine große Dichterin. In einer Zeit, als Indien das Joch der Briten abzuschütteln versuchte (dreimal brachten sie Naidu hinter Gitter), übernahm sie 1925 als erste indische Frau den Vorsitz des indischen Nationalkongresses. Von 1947 bis zu ihrem Tod 1949 lenkte sie als erste Gouverneurin eines indischen Bundesstaats die Geschicke der United Provinces (heute Uttar Pradesh).

Die berühmteste Sehenswürdigkeit in Hyderabad ist das Charminar, ein prunkvolles Siegestor (Bild unten).

Qianling-Mausoleum
WU ZETIAN
Xi'an, China

Im Unterschied zur „Kaiserinwitwe" trug Wu Zetian (625–705 n. Chr.) als einzige Frau den Titel „chinesischer Kaiser", nachdem sie ihrem Ehemann, Kaiser Gaozong, auf den Thron folgte. Es war der Höhepunkt ihrer Laufbahn, die als junges Mädchen als Konkubine des Kaisers Taizong begann, Vater des Kronprinzen und ihres späteren Gemahls. Rücksichtslos zog sie immer mehr Macht an sich, bis sämtliche Entscheidungsgewalt in ihrer Hand lag. Unter anderem nutzte sie ihre Position, um den Buddhismus über den Taoismus und Konfuzianismus zu erheben. Gewaltige, mit Flechten bewachsene Steinskulpturen von Tieren und Beamten der kaiserlichen Wache säumen den Seelenweg, der zur imposanten Grabanlage führt, in dem Wu Zetian und ihr Gemahl Gaozong begraben liegen. Auffallend sind 61 Statuen (nun ohne Kopf) von chinesischen Stammesoberhäuptern, die beim kaiserlichen Begräbnis zugegen waren. Von den zwei Stelen für die Verstorbenen trägt die „Stele ohne Worte" (Wúzì Bēi) keine Inschrift. Einer Erklärung nach hätte Kaiserin Wu Zetian keine Worte für ihre absolute Macht gefunden.

Der Tourbus 2 fährt vom Bahnhof in Xi'an in die Nähe des Mausoleums und am späteren Nachmittag von dort wieder zurück.

National Aviation Hall of Fame
BESSIE COLEMAN
Dayton, USA

Jahrzehnte bevor Queen Bey ihr Publikum begeisterte, legte eine andere farbige Frau die Latte hoch, sozusagen himmelhoch. Bessie Coleman (1892–1926) — oder „Queen Bess", wie die Zuschauer bei Flugshows sie nannten — wurde vor der Jahrhundertwende als Tochter einer Farmpächterfamilie geboren und hatte zeitlebens gegen Widerstände anzukämpfen. Dennoch flog sie geradewegs über jedes Hindernis hinweg, das sich ihr in den Weg stellte. Sie war eine exzellente Schülerin, doch fehlte ihr das nötige Geld für ein Studium. Sie zog 1916 nach Chicago und machte dort die Bekanntschaft mit Robert Abbott, dem Herausgeber von *Chicago Defender*, der bedeutendsten Wochenzeitung der Afroamerikaner in Chicago. Dieser machte Colemans Traum publik, die erste Pilotin mit afroamerikanischen und indianischen Wurzeln zu werden. Weil Coleman farbig war und eine Frau, wurde sie von den US-amerikanischen Flugschulen abgelehnt. Sie reiste kurzerhand nach Frankreich. Dort erwarb sie 1921 tatsächlich als erste Afroamerikanerin und Native American eine internationale Pilotenlizenz.

Zurück in den USA, begeisterte Queen Bess bei Flugshows ihr Publikum, bevor kommerzielle Flüge an der Tagesordnung waren. Sie setzte sich über die Grenzen von ethnischer Herkunft, Geschlecht und Klassenzugehörigkeit hinweg und plante die Eröffnung einer Flugschule für afroamerikanische Piloten. 1926 verunglückte sie bei einem Flug, was ihrem Lebenstraum ein abruptes Ende setzte. Acht Jahre nach ihrem frühen Tod wurde sie endlich in die National Aviation Hall of Fame aufgenommen.

▼ Die National Aviation Hall of Fame befindet sich auf der Wright-Patterson Air Force Base bei Dayton, Ohio. Sehenswert sind außerdem das National Museum of the Air Force direkt nebenan sowie das Huffman Prairie Flying Field Interpretive Center unmittelbar neben der Airbase. An diesem Ort unternahmen die Brüder Wright erste Flugversuche.

> „Drei Pfade hat der Mensch in sich, in denen sich sein Leben tätigt: die Seele, den Leib und die Sinne."

Rüdesheimer Hildegardweg

HILDEGARD VON BINGEN

Bingen am Rhein, Deutschland

Hildegard von Bingen (1098–1179) ist heute nicht unbedingt jedem auf der Welt ein Begriff. Im mittelalterlichen Deutschland des 12. Jahrhunderts war Hildegard hingegen eine echte Berühmtheit und noch 900 Jahre später begegnen ihr Vertreter der ganzheitlichen Naturheilkunde und religiöse Kreise mit großer Ehrfurcht. Die 1098 in eine rheinhessische Adelsfamilie geborene Hildegard berichtete als Kind von Visionen, durch die sie mit fünf Sinnen das Licht Gottes wahrnahm. Mit acht Jahren wurde sie in die Obhut eines Klosters gegeben. Später gründete Hildegard zwei Benediktinerinnenklöster, sie war Heilerin, Mystikerin, Schriftstellerin, Naturkundlerin und Linguistin. Ihre revolutionären Schriften befassten sich mit Ernährung und Kräuterkunde, Naturgeschichte, Theologie und Medizin, die auf der antiken griechischen Säftelehre basierte. Aufgrund ihrer Erkenntnisse und Relevanz werden ihre Werke teilweise bis heute gelesen. Hildegard war eine unglaublich talentierte und willensstarke Frau, eine frühe Protofeministin sozusagen. Sie lebte gemäß ihrem festen Glauben an Gleichberechtigung und war stets bereit, ihren männlichen Kontrahenten die Stirn zu bieten. Als Wanderpredigerin ermutigte sie ihre Mitmenschen, sich gegen Machtmissbrauch, Ungerechtigkeit und Korruption der Kirche aufzulehnen. Sie war, mit anderen Worten, eine spirituelle, medizinische und ökologische Kriegerin und ihrer Zeit weit voraus.

Zum Glück holen wir langsam auf. 2012 wurde Hildegard heilig gesprochen. Heilige ziehen bekanntermaßen Pilger an – und hier kommt der 6,7 Kilometer lange Hildegardweg ins Spiel, hoch über dem romantischen Rheintal mit wunderschöner Aussicht auf die Weinberge und Burgen. Der Rundwanderweg beginnt in Rüdesheim, gewährt Einblicke in das Leben Hildegards und führt hinauf zur Benediktinerabtei St. Hildegard.

Dort steht die in Bronze verewigte Hildegard, die in klösterlicher Tracht gekleidet ist und die Augen wie zum Gebet geschlossen hält. Besonders stimmungsvoll ist eine Besichtigung in der kontemplativen Stille am Morgen oder Abend, wenn die entfernten Klänge der Laudes und Vesper aus der Abtei, wie einst im 12. Jahrhundert, den Besucher beinahe erschaudern lassen.

Der Rüdesheimer Hildegardweg beginnt an der Anlegestelle der Personenfähre Bingen-Rüdesheim oder am Bahnhof Rüdesheim.

> „Können wir Menschen davon überzeugen, unsere Ansichten anzunehmen, solange wir nicht bereit sind, auch ihre anzunehmen?"

Anglikanischer Friedhof
GERTRUDE BELL
Bagdad, Irak

Die Tochter einer reichen britischen Familie hätte in der traditionellen Frauenrolle ihr Leben in England verbringen können. Stattdessen zog es Gertrude Bell (1868–1926) 24-jährig in die Welt. Sie stieg auf die Alpen und wurde als Schriftstellerin, Archäologin und politische Agentin zu einer der einflussreichsten Figuren im Nahen Osten. Bell knüpfte ein breites Netzwerk an Kontakten. Sie erwarb sich in der Region großen Respekt und war eine Schlüsselfigur bei der Gründung von Jordanien und Irak. *Al-Khatun*, „die Lady", war für die junge Geschichte des Iraks nicht minder wichtig wie der berühmtere T. E. Lawrence („von Arabien"), auf den Chronisten später den Fokus richteten, während sie Bell ignorierten.

In den 1920er-Jahren organisierte Bell die irakischen Wahlen. Sie sorgte für die Einsetzung von König Faisal in der konstitutionellen Monarchie und war Direktorin des neuen Archäologischen Museums in Bagdad. Man kann Bells Steinsarg auf dem anglikanischen Friedhof besichtigen. Der Ort ist ein seltenes Zeugnis der jahrzehntelangen britischen Intervention in Bagdad. Wer diese Reise nicht antreten mag, schaut den Dokumentarfilm *Letters from Baghdad* über Bells Leben und Werk.

📍 Den anglikanischen Friedhof, der manchmal auch British Army Cemetery oder Baghdad North Gate War Cemetery genannt wird, erreicht man in 17 Minuten Fahrt vom Hauptbahnhof in Bagdad über den Tigris.

PIONIERINNEN

Baffin Island
MATTY MCNAIR & SARAH MCNAIR-LANDRY
Nunavut, Kanada

Mit dem orangefarbenen Parka, den Schneehosen und robusten Stiefeln sieht Sarah McNair-Landry aus wie irgendeine Sportlerin auf der Skipiste oder im Hochgebirge. Doch Sarah und ihre Mutter, Matty McNair, sind zwei moderne Abenteurerinnen der Arktis, die auf Baffin Island im kanadischen Territorium Nunavut leben. 1997 führte Matty McNair die erste reine Frauenexpedition zum Nordpol und 2003 ihre Kinder Sarah und Eric zum Südpol, was diese zu den jüngsten Menschen machte, die den Südpol aus eigener Kraft erreichten. Später passierte Sarah McNair-Landry auf Skiern mit Snowkite die gesamte Nordwestpassage und wagte die Umrundung von Baffin Island mit dem Hundeschlitten, wie ihre Eltern 25 Jahre zuvor.

Für das Familienunternehmen der McNairs in Iqaluit, NorthWinds Expeditions, arbeitet Sarah als Guide für arktische Expeditionen, sie gibt Extremtrainings und begleitet Hundeschlitten- und Snowkiting-Touren. Doch es geht nicht nur um Abenteuer. Die McNairs sensibilisieren für den Klimawandel und widerlegen das stereotype Bild von Polarforschern.

● Für die Anreise nach Baffin Island (Bild unten) braucht man ein gewisses Maß an Ausdauer. First Air fliegt nonstop nach Iqaluit von Ottawa und von Montreal über Kuujjuaq.

Maria Skłodowska-Curie Museum
MARIE CURIE
Warschau, Polen

Freskenverzierte Häuserzeilen in geschmackvollem Ocker und Rosé säumen die kopfsteingepflasterte Freta Ulica, in der sich hier und da eine barocke Turmspitze emporreckt. Diesen Anblick würde die zweifache Nobelpreisgewinnerin Marie Curie (1867–1934) sofort wiedererkennen. Das Elternhaus der in Warschau geborenen und ausgebildeten Wissenschaftlerin ist heute in ein Museum verwandelt, das sich Curies Errungenschaften widmet.

Während sie auf der Welt als Marie Curie bekannt ist, verweist das Maria Skłodowska-Curie Museum auf Curies Mädchennamen, den sie aus Stolz auf ihre polnische Identität nie ganz ablegte. Ihre Landsleute sind gleichermaßen stolz auf die Physikerin und Chemikerin, die einen immensen Beitrag zur Erforschung der Radioaktivität leistete und ein seltenes radioaktives Element entdeckte. Curie nannte es Polonium, um auf die Notlage ihrer Heimat Polen aufmerksam zu machen, die zu jener Zeit aufgeteilt war.

Das Maria Skłodowska-Curie Museum, ein sorgfältig restauriertes Gebäude aus dem 18. Jahrhundert, zeigt Curies Leben und Wirken anhand von Dokumenten und wissenschaftlichen Apparaturen, darunter Fotografien mit ihrem Ehemann Pierre Curie, mit dem sie einen der zwei Nobelpreise teilt. Die faszinierenden Geräte stimmen auch traurig, da sie letztlich Curie das Leben kosteten. Sie starb im Alter von 66 Jahren an einer Autoimmunkrankheit, hervorgerufen durch die giftigen radioaktiven Substanzen, denen sie sich ständig ausgesetzt hatte.

● Das Museum liegt zehn Minuten zu Fuß nordwestlich der Bus- und Tramhaltestelle Stare Miasto in der Warschauer Altstadt.

Sydney Olympic Park
CATHY FREEMAN
Sydney, Australien

Sie gewann Gold für Australien im 400-Meter-Sprint bei den Olympischen Spielen 2000 in Sydney. Wie keiner vor ihr brachte Cathy Freeman (geb. 1973) die Australier zusammen, als sie bei der Ehrenrunde die australische und die Aborigine-Flagge schwenkte.

Zu der Zeit litt Australien unter Rassenkonflikten, noch erschüttert von den Enthüllungen des „Bringing Them Home"-Berichts von 1997, der das Schicksal der „Gestohlenen Generationen" aufdeckte – indigener Kinder, die von der Regierung zwangsweise ihren Familien weggenommen wurden. Nur wenige Monate vor der Olympiade demonstrierten 300 000 Menschen bei einem Marsch über die Sydney Harbour Bridge für Versöhnung und eine nationale Entschuldigung gegenüber den Gestohlenen Generationen. Es war die größte politische Demonstration in der Geschichte Australiens.

„Mein Traum war es immer, nicht nur olympisches Gold zu gewinnen, sondern die Ehrenrunde mit beiden Flaggen zu laufen ... Die Aborigine-Gemeinschaft nimmt einen so großen Platz in meinem Herzen ein und ich bin sehr stolz auf meine indigenen Wurzeln."

Freeman stürzte mit ihrem Sieg die Nation in einen Freudentaumel und ihre Ehrenrunde war ein kraftvoller symbolischer Akt der Versöhnung. Im Sydney Olympic Park, wo sie die olympische Flamme entzündete und vor 110 000 Zuschauern als Erste über die Ziellinie lief, gibt es heute den Cathy Freeman Park mit seinen vielen Skulpturen zu besichtigen. Mit ihrer Stiftung Cathy Freeman Foundation unterstützt die in Queensland geborene Freeman seit 2007 Bildungsmaßnahmen für indigene Kinder.

Die Sportstätten im Sydney Olympic Park dienen als Veranstaltungsort für eine Vielzahl an Konzerten und sonstigen Events.

Massachusetts Institute of Technology
MARGARET HAMILTON
Cambridge, USA

Niemand mag bestreiten, dass Neil Armstrong und Buzz Aldrin mit ihren ersten Schritten auf dem Mond Geschichte schrieben, doch sollte man wissen, dass für die Realisierung des Erfolgs weitere 400 000 Menschen Vorarbeit leisteten. Eine von ihnen war Margaret Hamilton (geb. 1936). Mit ihrer Entwicklung der On-Board-Flugsoftware für das Apollo-Raumfahrtprogramm am MIT schuf sie die Basis dafür, dass Armstrong und Aldrin überhaupt auf der Mondoberfläche landen konnten. Sie war Verantwortliche des Teams, welches die Software für die Apollo- und Skylab-Missionen entwickelte.

Hamilton bewies als junge Frau in einer Männerdomäne ihr unverkennbares Computertalent. Ihre Liste an Fachkenntnissen war lang und machte sie zu einer Expertin auf vielen Gebieten. Nach ihrer Tätigkeit bei der NASA gründete Hamilton ihre eigene Softwarefirma. Sie prägte übrigens den englischen Begriff „Software Engineering", mit dem sie ihre Arbeit und die ihrer Kollegen bezeichnete.

● Das Massachusetts Institute of Technology (MIT) liegt direkt an der U-Bahn-Haltestelle Kendall/MIT im Bostoner Vorort Cambridge und ist für Besucher geöffnet. Im Infozentrum (Events and Information Center) auf dem Campus gibt es Pläne für einen Rundgang auf eigene Faust.

National Cowgirl Hall of Fame
ANNIE OAKLEY
Fort Worth, USA

In kaum einer Berufsgruppe der Welt finden sich mehr echte Machos als unter den Cowboys. Von daher ist jede Frau, die sich in dieser toughen Männerwelt als Cowgirl einen Namen macht, bemerkenswert. Der Kunstschützin Annie Oakley (1860–1926) gelang dies und einiges mehr, wie Fans des Musicals *Annie Get Your Gun* wissen. In einer Blockhütte geboren, lernte sie schon als junges Mädchen schießen, um die Familie zu ernähren, bevor sie ihr Talent zu Geld machte. Bei einem Besuch der texanischen National Cowgirl Hall of Fame kann man Annie und ihresgleichen die Ehre erweisen.

Fort Worth, das mit dem Slogan wirbt „Wo der Westen beginnt", lag im 19. Jahrhundert direkt am Chrisholm Trail, dem legendären Herdenweg für den Viehtrieb. Die Ruhmeshalle der Cowgirls zollt vielen Pionierinnen des Wilden Westens Tribut. Nicht nur Cowgirls, weibliche Rodeo-Champions und Scharfschützinnen sind hier vertreten, sondern auch bedeutende Kulturhüterinnen des Wilden Westens, also Countrysängerinnen, Künstlerinnen und Schriftstellerinnen, so auch das Cowgirl Faye Blessing oder die Countrysängerin Patsy Cline. Doch Annie Oakley muss sich hinter keiner verstecken. Zu den Highlights im Museum gehört es, sein eigenes Pferd zu designen, die ausgestellten Westernhemden und -stiefel zu betrachten oder mit Oakleys Hologramm über ihr Leben zu quatschen.

📍 Lust auf einen Viehtrieb live? Zweimal täglich werden Texas Longhorns im Stockyards National Historic District durch die Straße getrieben.

Stockholmer Schloss
KÖNIGIN CHRISTINA
Stockholm, Schweden

Königin Christina von Schweden (1626–1689) führte ein exzentrisches, ereignisreiches Leben. Ihr Vater Gustav II. hatte Großes mit ihr vor und ließ sie zum Kronprinzen erziehen, dann fiel er unerwartet in der Schlacht bei Lützen. Die sechsjährige Tochter wurde seine Nachfolgerin, doch die Geschicke des Landes lenkte der mächtige Reichskanzler Oxenstierna.

Christina wurde eine männliche Erziehung zuteil, sie erlernte sechs Sprachen fließend, beherrschte die Kriegskünste und leistete den Eid als König und nicht als Königin, was ihr den Beinamen Mädchenkönig einbrachte. Als sie älter wurde, geriet sie zunehmend mit Oxenstierna aneinander, insbesondere nach ihrer Krönung 1644. Christina erklärte 1649 öffentlich, dass sie nicht zu heiraten wünschte, und dankte 1654 ab. Als Mann verkleidet, ritt sie auf einem Pferd durch Dänemark, da die angespannte Lage zwischen den zwei Ländern für die wahre Christina zu gefährlich gewesen wäre. Sie ließ sich in Rom nieder und konvertierte zum Katholizismus – für die damalige Zeit skandalös. Als eine von nur vier Frauen wurde Christina im Petersdom beigesetzt.

Die starke Frau, vermutlich bisexuell, wurde in neuerer Zeit zur Ikone der Lesben, in Transgender-Kreisen begeistert man sich für Königin Christina, da sie Männerkleidung trug (Cross-Dressing).

Das Stockholmer Schloss steht an der Stelle der früheren Burg Tre Kronor, in der Christina einst regierte und die 1697 niederbrannte.

10 PIRATINNEN
und ihre LIEBLINGSPLÄTZE

Wer meint, die Piraterie sei nur etwas für harte Männer, der irrt gewaltig. Diese zehn Frauen segelten über die Weltmeere und wurden zu Piratenlegenden. Leinen los und volle Kraft voraus!

1 ANNE BONNY Nassau, Bahamas
Die legendäre Seeräuberin des Goldenen Zeitalters der Piraterie plünderte Anfang des 18. Jahrhunderts in der Karibik mit ihrem Geliebten Calico Jack, als Nassau die „Piratenhauptstadt" war.

2 CHING SHIH Macau, China
Nach dem Tod 1807 ihres Ehemanns und Piratenführers befehligte sie seine Seeräuberflotte, expandierte und plünderte im Chinesischen Meer. Sie starb als freie – und reiche – alte Frau in Macau.

3 SAYYIDA AL HURRA Tétouan, Marokko
Die muslimische Piratenkönigin, mit Barbarossa verbündet, regierte im 16. Jahrhundert als Gouverneurin die Stadt Tétouan, trieb im Mittelmeer ihr Unwesen und rächte sich an der Inquisition Spaniens und der Vertreibung der Muslime.

4 SADIE FARRELL New York, USA
Ihr Spitzname war Sadie the Goat (die Ziege) und ihre Existenz wurde von manchen angezweifelt. Sie soll in den 1860er-Jahren als Flusspiratin mit der Charlton Street Gang auf dem Hudson River entlang der New Yorker Küste operiert haben.

5 MARY READ Spanish Town, Jamaika
Als „Mark" verkleidet, kämpfte Mary in der britischen Armee, bevor sie dieser den Rücken kehrte und sich im Goldenen Zeitalter der Piraten in der Karibik dem Seeräuberpaar Calico Jack und Anne Bonny anschloss.

6 JEANNE DE CLISSON Bretagne, Frankreich

Nach der Hinrichtung ihres Ehemanns wegen Hochverrats erwarb die „bretonische Löwin" drei Kriegsschiffe und segelte über den Ärmelkanal, um aus Rache französische Schiffe zu überfallen.

7 INGELA GATHENHIELM Göteborg, Schweden

Piraterie von Staats wegen? Mit Befugnis des schwedischen Königs plünderten Gathenhielm und ihr Mann Anfang des 18. Jahrhunderts feindliche Schiffe. Sie ruhen nebeneinander in Sarkophagen, in die die Totenkopfflagge eingraviert ist.

8 PRINZESSIN SELA Norwegen

Die Wikingerprinzessin war im 5. Jahrhundert der Fluch des Nordmeeres und galt als „geschickte Kriegerin und erfahrene Vagabundin".

9 ANNE DIEU-LE-VEUT Tortuga, Haiti

Sie wurde aus Frankreich nach Tortuga verschleppt und heiratete einen holländischen Seeräuber (der sich in sie verliebte, als sie ihn mit einer Waffe bedrohte). Mit ihm stach sie in See.

10 RACHEL WALL Neuengland, USA

Die um 1760 in Pennsylvania geborene und 1789 in Boston gehängte Piratin wandte den hinterlistigen „Frau-in-Not"-Trick an. Nach einem Sturm rief sie von ihrem Schiff Essex aus um Hilfe. Sobald sich jemand zu ihrer Rettung näherte, wurde dieser von Rachel und ihrer Mannschaft ausgeraubt.

IKONEN

Westminster Pier

BOUDICCA UND IHRE TÖCHTER

London, England

Tausende Fußgänger strömen über die Westminster Bridge und fotografieren Big Ben, Westminster Palace oder auch das Riesenrad London Eye, das an der Themse gemächlich seine Runden dreht. Es gibt so viel zu bestaunen, dass kaum jemand Notiz nimmt von der imposanten Bronzestatue der Heldin mit dem Speer in der Hand auf dem Streitwagen.

Dargestellt ist die keltische Königin Boudicca, die sich gegen die Römer auflehnte. Als ihr Mann, der König der Icener, 60 n. Chr. starb, vererbte er seinen Besitz sowohl an die beiden Töchter als auch an den römischen Kaiser Nero. Doch die Römer annektierten alle Ländereien, peitschten Boudicca aus und vergewaltigten ihre Töchter. Boudicca schwor Rache. Sie schuf ein Heer aus Icenern und verwüstete die Städte Londinium (London), Camulodunum (Colchester) und Verulamium (St Albans), 80 000 Römer und römische Anhänger verloren ihr Leben. Als der Aufstand fehlschlug, trank sie angeblich Gift.

Laut Tacitus hat Boudicca folgende Worte an ihre Leute gerichtet: „Wenn ihr euch vergegenwärtigt, wie viele Bewaffnete ihr seid und welche Ursachen dieser Krieg hat, kann es in diesem Kampf nur den Sieg oder aber den Tod geben. Das ist mein Vorsatz, der einer Frau – sollen doch die Männer am Leben bleiben und Sklaven werden!" Die Statue von Thomas Thornycroft, die unter Königin Victoria errichtet wurde, symbolisiert patriotisches Heldentum, aber auch die imperialen Ambitionen der Briten.

„Rom wird zugrunde gehen. Schreibt diese Worte mit dem Blut, das sie vergossen hat."
– William Cowper, *Boadicea: Eine Ode*

📍 Die Statue steht am nordwestlichen Rand der Westminster Bridge.

> „Ich will mir Pferd und Sattel kaufen und an Vaters statt in den Krieg ziehen."

Mulan-Tempel
HUA MULAN
Yingguo, China

Die *Ballade von Mulan* aus dem 6. Jahrhundert erzählt die berühmte Legende von Hua Mulan, dem einfachen Mädchen aus Zentralchina, das sich als Mann verkleidete, um anstelle seines geschwächten Vaters in den Krieg zu ziehen. Ausgebildet in Kampfkunst und Bogenschießen, kämpfte sie zwölf Jahre an der Seite der Männer. Am Ende der Armeezeit bot man ihr einen hochrangigen Posten, den sie ausschlug, da sie zu ihrer Familie zurückkehren wollte. Ob Hua Mulan wirklich lebte, weiß niemand, ihre Geschichte ist nur mündlich überliefert. Eine andere Version endet tragischer: Aus Protest gegen den Kaiser, der sie zur Konkubine wollte, beging Mulan Selbstmord. Die widersprüchlichen Erzählungen machen die Volksheldin umso mysteriöser.

Gab es Mulan überhaupt? Gehörte sie dem Stamm der Tuoba an, der näher mit Turkvölkern und Mongolen verwandt war und während der nördlichen Wei-Dynastie regierte? Wie dem auch sei – sämtliche Geschichten über Mulan handeln von Feminismus, von der Fürsorge gegenüber Eltern und von weiblicher Stärke. Vielleicht haben sie deshalb die Jahrhunderte überdauert. Heute inspiriert die Legende junge Frauen weltweit dazu, sich zuzutrauen, was Männer können. Wer Mulans Wurzeln aufsuchen will, begibt sich in ihren vermeintlichen Heimatort Yingguo (heute in der Provinz Henan). Im Mulan-Tempel aus der Tang-Dynastie, der ihrem Leben und außerordentlichen Mut gewidmet ist, erzählen zwei Stelen von 1334 und 1896 ihre Legende.

Der Mulan-Tempel liegt am Ende der Jiangjun Rd. westlich der Mittelschule, 35 Kilometer südlich der Stadt Shangqiu im Kreis Yucheng.

Longstone Lighthouse
GRACE DARLING
Farne-Inseln, England

Seit jeher birgt das riffreiche Gewässer vor der Küste von Northumberland tückische Gefahren für die Schifffahrt, nicht nur der rauen See wegen, sondern auch, da regelmäßig mindestens fünf Inseln bei Flut überspült sind. Das spektakuläre, rot-weiß gestreifte Longstone Lighthouse war der fünfte Versuch, einen Leuchtturm auf den Farne-Inseln zu bauen, um Schiffe rechtzeitig zu warnen. Die Fahrt hinaus zu dem Leuchtturm mit Besucherzentrum auf der äußersten Schäre der Inselgruppe ist selbst heute im Motorboot wild genug. Bedeutend wilder war es jedoch 1838 an dem stürmischen Morgen, als die *Forfarshire* mit 62 Menschen an Bord an den Klippen zerschellte und die einzige Rettung ein noch viel zerbrechlicheres Ruderboot darstellte.

Grace Darling (1815–1842), Tochter des Leuchtturmwärters William Darling, hatte das Wrack und die Schiffbrüchigen erspäht. Für ein Rettungsboot vom Festland war der Sturm zu heftig. Daher ruderten Grace und ihr Vater den längeren, geschützteren Weg um die Klippen herum, bis sie die Gestrandeten erreichten. Neun Menschen konnten sie vor dem Tod retten, wofür Vater und Tochter mit der Tapferkeitsmedaille ausgezeichnet wurden. Grace, die sich als Frau, eine attraktive noch dazu, in der Männerwelt bewiesen hatte, erlangte nationale Berühmtheit. Von überall her wurde sie mit Geschenken überhäuft und sie erhielt sogar Heiratsanträge. Ihr Ruhm überdauerte Grace, die bereits vier Jahre später an Tuberkulose starb.

📍 Bootstouren starten von dem Ort Seahouses in Northumberland. Nur der Veranstalter Golden Gate darf am Longstone Lighthouse anlegen.

Truganini Lookout, Bruny Island

TRUGANINI

Tasmanien, Australien

Truganini (1812–1876) war eine Palawa, d. h. eine tasmanische Ureinwohnerin, der „First Contact"-Generation. In ihrer Kindheit auf Bruny Island, traditionell tasmanisches Stammesgebiet, gab es in der Kolonie sechs Mal mehr weiße Männer als weiße Frauen. Die einheimischen Frauen und Kinder waren der brutalen Gewalt und den Vergewaltigungen durch europäische Siedler ausgeliefert, was in Tasmanien den blutigen Black War von 1924 bis 1931 auslöste.

Auch Truganinis Familie blieb davon nicht verschont. Ihre Mutter, ihr Onkel und ihr Verlobter wurden von Siedlern ermordet, ihre Schwestern Lowhenunhue und Maggerleede von Robbenfängern verschleppt und sie selbst vergewaltigt. Trotzdem setzte sich Truganini 1830 bis 1835 als Botschafterin ihres Volkes ein und begleitete den weißen Siedler George Augustus Robinson, der als „Friedensvermittler" umherzog. In Victoria schloss sie sich allerdings indigenen Guerillakämpfern an und war in Morde an Siedlern verwickelt. Gemeinsam mit weiteren überlebenden Aborigines wurde sie schließlich in eine ehemalige Sträflingssiedlung deportiert.

Truganini ist in Australien eine Symbolfigur, die man lange Zeit wehmütig als die „letzte reinrassige Tasmanierin" porträtierte. Heute reklamiert die tasmanische Aborigine-Community sie als Sinnbild ihres starken, zähen Überlebenskampfs. Entgegen Truganinis Bitte, man möge ihre Asche nach dem Tod im D'Entrecasteaux-Kanal verstreuen, stellte die Royal Society ihr Skelett im Tasmanian Museum in Hobarts aus, erst 1976 wurde sie eingeäschert. Inzwischen gibt es mehr und mehr Museen weltweit, die die menschlichen Überreste von Aborigines in die Heimat überführen. Ein kleiner Trost für Truganini, die zeitlebens gegen die Praktiken rebellierte.

Unweit ihres Geburtsortes auf Bruny Island bietet der Aussichtspunkt Truganini Lookout einen Eindruck vom Land ihrer Vorfahren.

Knocknarea
KÖNIGIN MEDB
Sligo, Irland

Medb war eine Frau, die wusste, was sie wollte: Macht, Sex und Rache. All das bekam sie auch. Sechzig Jahre lang herrschte sie als Königin über die Provinz Connacht. Medb hatte beeindruckend viele Liebhaber und erlebte mit, wie ihre Kinder ihren ersten Ehemann und Vergewaltiger umbrachten. Ihr Verlangen, ebenso viel zu besitzen wie ihr vierter Ehemann, entfachte einen Krieg zwischen Connacht und Ulster, der im Zentrum des irischen Heldenepos *Táin Bó Cúailnge* steht. Medbs eher unwürdiges Ende (sie wurde mit einer Steinschleuder von einem Käsestück tödlich getroffen) wird von ihrer berühmten Grabstätte wieder wettgemacht, einem imposanten Steinhügel auf dem Berg Knocknarea mit fantastischer Sicht auf die Sligo Bay. Auf dem Gipfel, den man nach einem kurzen steilen Anstieg erreicht, wurde sie angeblich aufrecht bestattet, mit dem Speer in der Hand und dem Blick nach Norden gerichtet, bereit für die Rückkehr ihrer Erzfeinde von Ulster. Um 50 v. Chr. soll Medb gelebt haben. Ob historische Figur oder Mythos, vielleicht auch eine Mischung von beidem – im Westen Irlands wird die Erinnerung an Medb dank der vielen Orte, die nach ihr benannt sind, lebendig gehalten.

Von Strandhill ist Knocknarea bis zu einem Parkplatz ausgeschildert. Von hier aus wandert man in einer Stunde auf einem gut markierten Weg hinauf zum Grabhügel. Bitte von dem Cairn keine Steine entwenden.

Taj Mahal
MUMTAZ MAHAL
Agra, Indien

Die Zahl der Bewunderer des monumentalen Taj Mahal ist riesig. Der Dichter Rabindranath Tagore bezeichnete das Mausoleum als „Träne auf der Wange der Ewigkeit", Rudyard Kipling sprach von der „Verkörperung alles Reinen" und sein Schöpfer, der Mogulkaiser Shah Jahan, sah „die Sonne und den Mond bei seinem Anblick weinen". Doch nicht jeder kennt die Hintergründe der Entstehung eines der prächtigsten Grabgebäude der Menschheit. Der Taj wurde von Shah Jahan als Mausoleum für seine dritte Frau, Mumtaz Mahal (1593–1631), errichtet, die bei der Geburt ihres vierzehnten Kindes verstarb.

Ihr Tod brach dem Mogulkaiser das Herz, woraufhin sein Haar angeblich über Nacht ergraute. Der Bau des Taj begann im darauffolgenden Jahr. Während das Hauptgebäude nach acht Jahren fertig gewesen sein soll, dauerten die Arbeiten am Gesamtkomplex bis 1653 an. Nicht lange nach der Fertigstellung wurde Shah Jahan von seinem Sohn Aurangzeb vom Thron gestoßen. Den Rest seines Lebens verbrachte er als Gefangener im Roten Fort von Agra, von wo aus er vom Fenster auf seinen Taj Mahal blickte. Nach seinem Tod 1666 wurde Shah Jahan an der Seite seiner Lieblingsfrau Mumtaz beigesetzt.

Im Eintrittspreis für den Taj Mahal sind außerdem Schuhüberzüge und eine 500 ml Wasserflasche enthalten.

> „Ich verlange mehr Rechte für Frauen, weil ich weiß, womit Frauen sich herumschlagen müssen."

Casa Rosada

EVA PERÓN

Buenos Aires, Argentinien

Das Mädchen aus armen Verhältnissen stieg zur Primera Dama Argentiniens auf, kämpfte gegen jegliche soziale Ungerechtigkeit und war populärer als der Präsident selbst. Eva Perón (1919–1952), besser bekannt als Evita, ist bis heute eine Ikone und die Heldin der Armen, in Argentinen und weltweit.

Evita heiratete Juan Perón kurz vor dessen Wahl 1946 zum argentinischen Präsidenten. Seine Popularität ging jedoch vor allem auf seine Frau zurück. Innerhalb der Partei ihres Mannes gewann Evita maßgeblichen Einfluss. Sie war jung, schön und von einfacher Herkunft, was sie zum Star der Arbeiterschicht machte. Die von ihr gegründete Fundación Eva Perón, die größte Wohltätigkeitsstiftung Argentiniens, versorgte Bedürftige mit allem Notwendigen, von Schuhen bis zu neuen Schulhäusern und Wohnraum.

Eva Perón stritt für das Frauenwahlrecht und für die Rechte der Arbeiter. Dann beschloss sie, für das Amt der Vizepräsidentin zu kandidieren. Sie wusste das Volk hinter sich und ihre Chancen standen gut, doch aufgrund ihrer schlechten Gesundheit und auf Druck der oppositionellen politischen Elite zog sie ihre Nominierung zurück. 1952 starb Evita tragisch früh an Gebärmutterhalskrebs.

Unter den vielen Orten in Argentinien, die man mit Evita verbindet, ist die lachsfarbene Casa Rosada besonders legendär. Vom Balkon des prunkvollen Präsidentenpalastes wandte sich Evita häufig an ihre abertausend Anhänger. Dort hielt sie auch 1951 ihre letzte öffentliche Rede, passenderweise am „Loyalitätstag" (Día de la Lealtad), zum Gedenken an die Großdemonstration für Juan Peróns Freilassung aus dem Gefängnis, die sie 1945 organisiert hatte.

© Simon Mayer / Shutterstock

Die Casa Rosada in Buenos Aires liegt an der Plaza de Mayo. Auf dem berühmten Platz lauschten die Menschen dicht gedrängt Evitas Reden.

Compton Tennis Courts
WILLIAMS-SCHWESTERN
Compton, USA

Venus (geb. 1980) und Serena Williams (geb. 1981), die vielfachen Grand-Slam-Siegerinnen, wurden in Michigan geboren. Die Schwestern lebten anfangs in Compton, einer heruntergekommenen Gegend im Großraum Los Angeles, wo ihr Vater sie fast täglich mit einem Eimer voller Tennisbälle zu zwei eingezäunten, öffentlichen Tennisplätzen brachte und in die hohe Kunst des Serve-and-Volley-Spiels einwies, mit der sie die Welt des Frauentennis erobern sollten. Im Alter von neun bzw. zehn Jahren zogen sie in den Süden Floridas, um dort eine Tennisakademie zu besuchen. Bekannt wurde Compton durch den Film *Straight Outta Compton* über die Hip-Hop-Crew N.W.A. und Musikstars wie Dr. Dre und Kendrick Lamar. Die kämpferischen Athletinnen sind heute Sportlegenden und die Tennisplätze, auf denen sie einst trainierten, sind renoviert und heißen Venus & Serena Williams Court of Champions.

📍 Zu den Tennisplätzen von Compton gelangt man am einfachsten über den Verkehrsknotenpunkt Martin Luther King Transit Center.

Le Cordon Bleu
JULIA CHILD
Paris, Frankreich

Es gibt Kochschulen. Und es gibt „Le Cordon Bleu", dessen Schüler in den Toprestaurants und Spitzenhotels von Salzburg bis Singapur Köstlichkeiten wie Quenelles à la crème fraîche, Petersilie-Chiffonade und Fischfilet en papillote auf die Teller zaubern. Andere Absolventen werden berühmte Starköche im Fernsehen, so wie Mary Berry, Ming Tsai oder Giada De Laurentiis. Zu ihnen zählt auch die Queen der ersten amerikanischen TV-Kochshows: Julia Child.

Sie war bereits Ende dreißig, als Julia Child (1912–2004) die renommierte Pariser Kochschule besuchte. Zuvor hatte sie einen Bachelor am Smith College erworben, in den 1930er-Jahren in New York Geld verdient und im Zweiten Weltkrieg für OSS (einen Vorläufer des CIA) gearbeitet. Es war eine Seezunge Meunière im französischen Rouen, die Child eine geschmackliche Offenbarung bescherte und sie später in den USA zum Star der französischen Kochkünste werden ließ. Child wurde in der Comedy-Show „Saturday Night Live" parodiert, Meryl Streep verkörperte sie im Film *Julie & Julia* und ihre Originalküche ist im Museum Smithsonian ausgestellt. Wer sich für die französische Cuisine begeistert, sollte wie Child im „Le Cordon Bleu" an einem Kochkurs teilnehmen. Für die individuellen Workshops sind weder gastronomische Vorkenntnisse noch sechs Monate Urlaub nötig. Das Institut, 1895 gegründet, hat seit 2016 in Paris einen ultramodernen Campus.

● Die Adresse der renommierten Kochschule „Le Cordon Bleu" in Paris lautet 13–15 Quai André Citroën.

„Ich tat die Dinge nach dem Entwurf meines Herzens."

Totentempel der Hatschepsut
HATSCHEPSUT
Luxor, Ägypten

Der Totentempel der Hatschepsut schmiegt sich an die sonnenverwitterten Klippen am Westufer des Nils. Er ist ein zeitloses Denkmal für die erste Frau, die sämtliche Macht eines Pharaos in sich vereinte. Hatschepsut (um 1508–1458 v. Chr.) übernahm die Herrschaft nach dem Tod ihres Gemahls, Thutmosis II. Das Amt des Pharaos war im Alten Ägypten traditionell Männersache. Doch Hatschepsut war königlichen Geblüts, nämlich Ehefrau, Tochter und Schwester eines Pharaos, was sie in ihrer Forderung bestärkte, selbst zur Pharaonin gekrönt zu werden. In den zwei Jahrzehnten ihrer Regentschaft herrschten Frieden und Wohlstand, es war eine Blütezeit des Handels und der Bautätigkeit.

Um ihren Aufstieg an die Macht zu verewigen, befahl sie, die Geschichte der Geburt einer Pharaonin in die Mauern ihres Totentempels einzuritzen. Für die Alten Ägypter war das Leben nach dem Tod ebenso bedeutsam wie das eigentliche Leben und die Errichtung eines geeigneten Denkmals ein lebenslanges Projekt. Hatschepsut nahm den Totentempel des Mentuhotep II. als Modell, sie verlangte jedoch einen viel größeren Tempel, mit angelegten Gärten und Weihrauchbäumen, die wohltuenden Schatten spendeten. Wenn sich heute die Besucher dem Tempel nähern, spüren sie die Gluthitze der Wüste. Es war üblich, dass Pharaonen die Errungenschaften ihrer Vorgänger ausradierten. So befahl auch Hatschepsuts Stiefsohn nach ihrem Tod, die an sie erinnernden Inschriften herauszumeißeln. Die Geschichte hat sie jedoch nicht vergessen.

📍 Hatschepsuts Totentempel (Djeser-Djeseru) liegt acht Kilometer nordwestlich des Luxor-Tempels. Es empfiehlt sich ein Taxi.

Muminwelt
TOVE JANSSON
Naantali, Finnland

Die schwedischsprachige, finnische Autorin und Künstlerin ist für ihre liebevollen Mumin-Kinderbücher weltberühmt, die ihr den Hans-Christian-Andersen-Preis einbrachten. Doch Tove Jansson (1914–2001) ist auch eine Ikone der Homosexuellen. Jansson und ihre Lebensgefährtin besuchten sich über einen Geheimgang zwischen ihren Häusern in Helsinki und verbrachten die Sommer zurückgezogen auf einer einsamen Insel. Auch die reizende Muminwelt hat eine eigene Insel, erreichbar über eine Fußgängerbrücke von der Altstadt Naantali. Im Zentrum des Themenparks stehen Mitmachaktionen und das eigene Erkunden, keine Fahrgeschäfte.

⬅ Fans können auch das Mumin-Museum besuchen. Es liegt in Tampere, im Norden von Naantali und der Muminwelt.

Rani Abbakka Study Centre
ABBAKKA CHOWTA
Bantwal, Indien

Königin Abbakka Chowta (1525–1570) von Ullal gilt als erste Frau Indiens, die sich 1555 gegen europäische Kolonialisten auflehnte und hartnäckig die mächtige portugiesische Flottille zurückschlug, die ihr Stück Land am Indischen Ozean in Karnataka einnehmen wollte – damals ein Hafen für Händler aus Ägypten, Persien und Arabien. Sie sandte Boote aufs Meer, die mit brennenden Pfeilen zwei portugiesische Galeonen versenkten. Die Heldin, die den Beinamen *Abbhaya Rani* (furchtlose Königin) erhielt, geriet fast in Vergessenheit, gäbe es nicht Professor Thukaram Poojary und sein Museum namens Rani Abbakka Tuluva Adhyayana Kendra, mit zahllosen Fundstücken über das Leben der Freiheitskämpferin.

➡ Das Rani Abbakka Study Centre ist etwa eine Stunde mit dem Auto vom Flughafen Mangalore entfernt. Es hat dienstags geschlossen.

Dollywood
DOLLY PARTON
Pigeon Forge, USA

„Wenn dir die Straße nicht gefällt, auf der du gehst, pflastere eine neue."

Mit Dollywood hat sich die Schutzpatronin von East Tennessee selbst ein Denkmal gesetzt. Dolly Parton (geb. 1946), die vollbusige und großherzige Countrysängerin mit auffälliger Haartracht, wurde als eines von zwölf Geschwistern in einer Blockhütte mit nur einem einzigen Zimmer geboren. Den Arzt, der sie zur Welt brachte, hatte ihr Vater mit einem Sack Maismehl bezahlt. Die talentierte Sängerin und Songschreiberin schaffte es nach dem Highschool-Abschluss bis nach Nashville und wurde zu einer der erfolgreichsten Countrystars aller Zeiten, nicht zuletzt dank ihres guten Geschäftssinns. Sie lehnte es bekanntlich ab, die Hälfte der Veröffentlichungsrechte an „I will Always Love You" an Elvis Presley für eine Coverversion abzutreten. Stattdessen verwandelte Whitney Houston den Song Jahrzehnte später mit ihrer Neuinterpretation in einen Welthit. Parton wollte stets etwas zurückgeben. Schwule und Lesben verehren Dolly für ihre offene Einstellung. Ihr Programm Imagination Library, das Buchspenden für Grundschulkinder sammelt, kam 2018 auf über 105 Millionen Bücher, und mit Dollywood schuf sie lokale Arbeitsplätze. Ihr Vergnügungspark in den Smoky Mountains mit Fahrgeschäften, Waterpark und Handwerkskunst der Appalachen, ist Dollys wilden Kindheitsfantasien entsprungen.

♥ Wer das Repertoire der Sängerin näher kennenlernen möchte, für den ist ihr erstes Album von 1967, *Hello, I'm Dolly,* ein guter Einstieg.

„Macht ohne das Vertrauen der Nation ist nichts."

Katharinenpalast

KATHARINA DIE GROSSE

Sankt Petersburg, Russland

Ihr Aufstieg läutete in Russland das goldene Zeitalter ein. Katharina II. (1729–1796), die Große, sicherte sich die Macht mit einem Staatsstreich gegen ihren Ehemann, Peter III., und sorgte in ihrer langen Herrschaft nicht nur für die Ausdehnung des Reiches, sondern auch für große kulturelle Veränderungen. Sie trieb frühe Bildungsreformen voran, engagierte sich für die Künste und verbesserte den Zugang zu Bildung für Frauen. Viele Bauwerke bezeugen ihr Gespür für den Klassizismus, so die Hermitage mit Russlands größter Kunstsammlung. Um auf den Spuren der Kaiserin zu wandeln, ist der Katharinenpalast in Puschkin besonders eindrücklich.

Benannt ist der Palast übrigens nach der früheren Kaiserin Katharina I., der zweiten Ehefrau Peter des Großen, die zwei Jahre lang regierte und den Bau als Sommerresidenz in Auftrag gab. Jahrzehnte später setzte Katharina die Große mit ihrer typischen ästhetischen Schlichtheit die Ausgestaltung des Palastes fort und stoppte u. a. die Pläne, alle Statuen zu vergolden. Der im Zweiten Weltkrieg schwer beschädigte Palast wurde wieder im Rokokostil aufgebaut und erstrahlt in Türkisblau und Gold. Es gab viel anzügliches Gerede über Katharina und manch politischer Schachzug der Kaiserin bleibt in bitterer Erinnerung, wie die von ihr veranlasste Teilung Polens nach einem missglückten Aufstand von 1794. Im Porträtsaal des Palastes stehen die Besucher Schlange, um Katharinas majestätisches Antlitz, so wie sie es der Welt zeigen wollte, zu betrachten.

● Der Katharinenpalast liegt im Landschaftspark von Puschkin (früher Zarskoe Selo), etwas außerhalb von Sankt Petersburg. Vor dem Besuch die (eingeschränkten) Öffnungszeiten erfragen!

Historial Jeanne d'Arc
JEANNE D'ARC
Rouen, Frankreich

„Ich fürchte die bewaffneten Leute nicht, denn mein Weg liegt offen vor mir."

Nur wenige frühe Feministinnen üben größere Faszination aus wie Jeanne d'Arc, auch Johanna von Orléans (1412–1431), die oft mit Fahne und Rüstung auf einem Pferd dargestellt wird. Die Bauerntochter aus Domrémy-la-Pucelle, Beiname Jungfrau von Orléans, gilt seit sechs Jahrhunderten als visionäre Heilige, glühende Fanatikerin, Heldin und Ketzerin.

Sie hätte auch daheim bei ihrer Mutter am Spinnrad bleiben können. Stattdessen hatte Johanna Heiligenvisionen. Sie vernahm die Stimme Gottes und folgte, obgleich Analphabetin, ihrem „göttlichen Auftrag", um dem französischen König Karl VII. im Hundertjährigen Krieg zum Sieg über England zu verhelfen. Johanna blieb als Kriegsherrin erfolgreich, bis burgundische Adelige, die mit den Engländern verbündet waren, sie 1430 gefangen nahmen. Wegen Hexerei, Häresie und Tragen von Männerkleidern kam sie vor Gericht. Sie wurde für schuldig befunden und 1431 auf dem Marktplatz in Rouen verbrannt. Johanna war erst 19 Jahre alt.

An dieser Stelle endet Johannas Biografie und hier knüpft das interaktive Museum an. In dem stimmungsvollen Gewölbe des erzbischöflichen Palastes erweckt das Museum Johannas Auf- und Niedergang sowie den berühmten Prozess anschaulich zum Leben und beleuchtet die Frau hinter der Legende.

Das Museum liegt im Herzen der mittelalterlichen Altstadt von Rouen, unweit der mächtigen gotischen Kathedrale Notre-Dame.

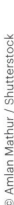

Fort Ahilya
AHILYABAI HOLKAR

Maheshwar, Indien

Die Fürstin Ahilyabai Holkar (1725–1795) herrschte ab 1765 bis zu ihrem Lebensende im Fort Ahilya, das sie in ein Labyrinth aus Residenzen, Büros und Audienzhallen verwandelte. Ihre dreißigjährige Regentschaft war beispiellos – es gab kaum feindliche Angriffe, keine politischen Intrigen und ihr Volk musste nicht gegen erdrückende Steuerlasten rebellieren. Stattdessen sorgte sie für den Bau von Straßen, Brunnen, Wasserreservoirs, Gasthäusern und Tempeln, förderte das Handwerk und kurbelte die Tradition der lokalen Textilindustrie an. Ihr Reich legte den Grundstein für Frieden und Wohlstand. Dies bringt uns zum zweiten Teil ihres Vermächtnisses: Mit der Firma Sally Holkar's Rehwa Society and Women Weave haben Ahilyabais Nachfahren die Tradition der Handweberei in Maheshwar wieder zum Leben erweckt, mit Arbeitsplätzen für Weberinnen und kostenloser Schulbildung für deren Kinder.

📍 Fort Ahilya liegt eine halbe Stunde mit dem Auto entfernt von dem Highway Mumbai-Agra. Es lohnt sich, im Fort zu übernachten, zu buchen auf www.ahilyafort.com. Die Nachfahren der Fürstin haben ihre marode Residenz im Fort in ein reizendes Boutique Hotel verwandelt.

„Es gibt noch viele Gründe, für die es sich zu opfern lohnt, es ist noch so viel Geschichte zu schreiben."

Mayfair Academy of Fine Arts
MICHELLE OBAMA
Chicago, USA

Michelle Obama (geb. 1964) – Rechtsanwältin, Universitätsangestellte, Bestsellerautorin und die erste afroamerikanische First Lady der USA – wuchs im Süden Chicagos auf, nicht anders als viele andere Mädchen in ihrem Viertel auch. An der Mayfair Academy des berühmten Stepptänzers und Choreografen Tommy Sutton, an der Michelle Tanzunterricht nahm, durfte ihr Stolz auf ihre Herkunft gedeihen, und dort genoss sie das große Gemeinschaftsgefühl. So wundert es nicht, dass Chicago eine große Rolle spielt, wenn Michelle Obama heute über ihre eigene Geschichte spricht. Als ihr Mann Barack Obama 2008 zum Präsidenten gewählt wurde, behielt die Familie ihre Wurzeln in der South Side von Chicago, genauer gesagt, in Hyde Park. Das schöne Stadtviertel, bekannt für seine kulturelle Vielfalt und urbane Authentizität, war als heimatliche Basis für die Obamas perfekt. Während in Washington, D.C., die Töchter Tanzstunden nahmen und zur Schule gingen, kümmerte sich Michelle in ihrer traditionellen Mutterrolle um die ausgewogene Work-Life-Balance ihrer Familie.

Michelle Obamas Einsatz für die Gemeinschaft spiegelt die grundlegenden Werte wider, wie sie in Chicago z. B. an der Mayfair Academy hochgehalten werden. Die Tanzschule untersteht inzwischen der sorgsamen Leitung von Tommy Suttons Tochter Peggy und einer weiteren Frau, die genau wissen, wie wichtig es für junge farbige Mädchen ist, die eigene innere Schönheit zu erkennen. Im Weißen Haus leitete Michelle Obama Initiativen zur Förderung der öffentlichen Gesundheit, gegen Übergewicht bei Kindern und für einen gesünderen Lebenswandel, auch durch Tanzen. Als gebürtige „South-Siderin" inspiriert sie die Menschen in Chicago und andernorts dazu, sich so anzunehmen, wie sie sind – mit dem Selbstbewusstsein und der Gelassenheit einer South-Side-Tänzerin.

Die Mayfair Academy of Fine Arts bietet auch heute Tanzklassen aller Genres für Kinder und Erwachsene an. In South Side liegen außerdem das Elternhaus der früheren First Lady, 7436 S Euclid Ave, und ihre Grundschule, Bouchet International School, 7355 S Jeffery Blvd.

Kelders 33
MATA HARI
Leeuwarden, Niederlande

„Kurtisane, das gebe ich zu. Spionin, niemals! Ich habe immer nur für Lust und Liebe gelebt."

Der Welt war die exotische niederländische Tänzerin und Femme Fatale, Margaretha Geertruida Zelle (1876–1917), besser unter dem Namen Mata Hari bekannt. Nach einer bewegten Jugend und der missglückten ersten Ehe mit einem brutalen Mann zog sie alleine nach Paris. Ihre Attraktivität und ihre Kenntnisse indonesischer Tänze, die sie in den niederländischen Kolonien erworben hatte, verhalfen ihr 1905 zum Debüt als exotische Tänzerin. Unter dem Künstlernamen Mata Hari, („Auge des Tages" auf Malaiisch) verzauberte sie im knappen erotischen Perlenkostüm das Publikum mit ihren Tänzen voller Dramatik und sinnlicher Leidenschaft.

Im Ersten Weltkrieg warben die Deutschen Mata Hari gegen eine hohe Summe als Agentin für kriegsentscheidende Informationen an. Dann nahmen auch die Franzosen ihre Spionagedienste in Anspruch. Sie flog auf, kam vor Gericht und wurde von einem französischen Exekutionskommando erschossen. Bis heute ist nicht klar, ob der Vorwurf der Doppelspionage berechtigt war, doch ihr skandalöser Ruf trug dazu bei, dass keiner ihr Glauben schenkte.

Die Statue in Leeuwarden, ihrer Geburtsstadt, zeigt Mata Hari beim Tanzen.

Clare Island
GRÁINNE NÍ MHÁILLE
County Mayo, Irland

Irlands Piratenkönigin kennt man auch unter ihrem anglizierten Namen Grace O'Malley (1530–1603). Mit einer Schar treuer Gefolgsleute vom Stammsitz ihres Clans, einem großen Turmhaus und Wachposten an der Bucht Clew Bay auf Clare Island, kreuzte sie vor der Küste und lebte von den Plünderungen der Siedlungen, Inseln und Schiffe. Als Ní Mháilles Vater starb, wählten ihre Leute sie zum Clan-Oberhaupt und die Freibeuterin gelangte zu Wohlstand und Unabhängigkeit. Der Legende nach wehrte sie nach der Geburt ihres vierten Kindes, das an Bord eines ihrer Schiffe zur Welt kam, schon tags darauf eigenhändig einen Piratenangriff ab. Der englische Statthalter, dem die rebellische Clan-Chefin ein Dorn im Auge war, nahm ihre Familie gefangen. Ní Mháille beklagte sich schriftlich bei der englischen Königin Elizabeth I., die ihr 1593 sogar ein persönliches Treffen in London gewährte. Obgleich Ní Mháille es ablehnte, Elizabeth als Königin von Irland anzuerkennen, fanden die Frauen eine Übereinkunft. Bald kehrte Ní Mháille nach Hause zurück, unterstützte die irischen Aufständischen und fuhr bis zu ihrem Tod im Alter von 73 zur See. Ihre letzte Ruhestätte fand Ní Mháille vermutlich in der Clare Island Abbey im Süden der Insel. Die kleine Abteikirche, die ihre Vorfahren einst erbauten, steht noch heute.

📍 Eine Fähre fährt täglich nach Clare Island von Roonagh Pier bei der Stadt Westport. Es gibt Unterkünfte auf der Insel, falls man dort ein wenig länger verweilen möchte.

> „Die Liebe zum Land ist tief in der Brust eines jeden Hawaiianers verankert, wo auch immer er sich befindet."

Iolani-Palast

KÖNIGIN LILI'UOKALANI

Honolulu, USA

Der Iolani-Palast, die einzige königliche Residenz auf US-amerikanischem Boden, bleibt stets mit Königin Lili'uokalani (1838–1917) verknüpft, der letzten Monarchin Hawaiis. Die Geschichte des Palastbaus in Honolulu beginnt mit Lili'uokalanis Bruder und Schwägerin. Ende des 19. Jahrhunderts, als das Königreich Hawaii als unabhängige Nation mit über 80 Ländern diplomatische Beziehungen pflegte, errichteten König Kalākaua und Königin Kapiolani den Iolani-Palast als ihre königliche Residenz.

Der kunstvoll verzierte, 1882 fertiggestellte Steinpalast ist eine Mischung aus hawaiianischen und damals modernen europäischen Stilrichtungen und verfügte als erstes Bauwerk in Honolulu über elektrische Beleuchtung. Während die Monumentaltreppe aus einheimischen Hölzern gefertigt war, wurden die Möbel von einem Möbelmacher aus Boston herangeschifft. Ein Künstler aus San Francisco sollte im Auftrag des Königs Hula-Tänzer auf die Kristallglaspaneelen der Türen zum großen Salon zeichnen. Leider hatte der Künstler den traditionellen hawaiianischen Tanz nie gesehen, weshalb heute griechische Figuren die Türen zieren. Nach dem Tod des Königs Kalākaua 1891 folgte seine Schwester auf den Thron und bezog als Königin Lili'uokalani den Palast. Die Königin, mit bürgerlichem Namen Lydia Kamakaeha, war auch Songschreiberin. Ihre bekannteste Komposition, *Aloha 'Oe (Fahre wohl)*, ist eine Inselhymne. Doch die Regentschaft der neuen Königin war kurz. 1893 wurde sie durch einen von den USA gelenkten Staatsstreich gestürzt – über sechzig Jahre bevor Hawaii ein Bundesstaat der USA wurde. Man stellte Lili'uokalani im Iolani-Palast unter Arrest. In ihrem Zimmer ist ein Quilt zu sehen, den sie selbst fertigte und in den sie Daten einstickte – den Tag ihrer Geburt, ihrer Thronbesteigung, Entmachtung und Gefangennahme. Nirgends auf Hawaii ist die Geschichte des Landes spürbarer als in diesem Palast.

© Jeff Whyte / Shutterstock

Heute werden vor Ort dienstags bis samstags informative Führungen über den Iolani-Palast und die Geschichte der Königin angeboten. Alternativ darf man auch auf eigene Faust den Palast mit einem Audioguide erkunden.

Sultan-Ahmed-Platz
KAISERIN THEODORA
Istanbul, Türkei

Die Biografie der mächtigsten Frau der byzantinischen Geschichte ist turbulent. Kaiserin Theodora (um 497–548 n. Chr.), Tochter einer armen Familie am Rande des Byzantinischen Reiches, arbeitete in jungen Jahren als Schauspielerin, was damals als skandalös galt und der Prostitution gleichkam. 16-jährig zog die ehrgeizige, intelligente und scharfsinnige Theodora ins ägyptische Alexandria. Sie wandte sich von ihrem bisherigen Lebensstil ab und konvertierte zum Christentum. Dann begegnete sie dem Thronerben, Justinian I., der das Gesetz abändern ließ, damit er Theodora heiraten durfte.

Als Justinian I. den Kaiserthron bestieg, erhob er seine Frau Theodora zur ihm ebenbürtigen Mitregentin – manche sagen sogar, sie regierte an seiner Stelle. Jedenfalls nahm sie auf die Veränderungen in Byzanz großen Einfluss. Theodora kämpfte erfolgreich für Frauenrechte, sie erließ Gesetze zum Schutz vor Zwangsprostitution, schaffte die Todesstrafe für Ehebrecherinnen ab und stärkte die Rechte der Frauen bei Scheidung. Theodoras wichtige Rolle in politischen Dingen bewies sie 532 beim Nika-Aufstand, als sich zwei rivalisierende Zirkusparteien gegen Justinian verbündeten und es bei Zirkusspielen im Hippodrom von Konstantinopel zur offenen Revolte gegen den Kaiser kam. Justinian plante zu fliehen, doch Theodora schritt ein und mahnte ihn zur Standhaftigkeit. So rief er nach seinen Truppen, die den Aufstand blutig niederschlugen und Justinians Authorität wieder herstellten.

Das gewaltige Hippodrom, die Pferderennbahn von Konstantinopel, stand an der Stelle des heutigen Sultan-Ahmed-Platzes in Istanbul. Zu den wenigen Überresten gehört der ägyptische Obelisk, den Theodosius I. dort 390 n. Chr. aufrichten ließ.

> „Bäume sind weder an ihren Blättern noch an ihren Blüten zu erkennen, sondern an ihren Früchten."

Abtei Fontevraud

ELEONORE VON AQUITANIEN

Fontevraud-l'Abbaye, Frankreich

Eleonore von Aquitanien (um 1122–1204) war eine der mächtigsten Herrscherinnen im Mittelalter und eine wahre Ausnahmeerscheinung – eine Frau mit der absoluten Herrschaft über weite Teile Europas. Als Herzogin von Aquitanien kontrollierte sie ein Gebiet, das etwa dem heutigen Südwesten Frankreichs entsprach. Durch ihre Heirat mit Ludwig VII. und später mit Heinrich II. wurde sie Königin von Frankreich und dann Königin von England. Die willensstarke Eleonore war außerdem Kunstmäzenin.

Nach ihrer zweiten Eheschließung mit dem Grafen Heinrich von Anjou, der sich 1154 zum König von England krönen ließ, übte sie großen Einfluss auf die Führung seiner und ihrer territorialen Besitztümer aus. Mit Ludwig VII. hatte sie zwei Töchter, mit Heinrich II. drei Töchter und fünf Söhne, einer war Richard Löwenherz. Eleonore führte ein abenteuerliches und intrigenreiches Leben. 16 Jahre lang stand sie unter Hausarrest, da Heinrich ihr vorwarf, ihn zugunsten ihrer Söhne zu hintergehen. Nach Heinrichs Tod setzte ihr Sohn Richard Löwenherz sie als Regentin von England ein, während er im Dritten Kreuzzug kämpfte. Ihre letzten Jahre verbrachte sie zurückgezogen in der Abtei Fontevraud in Anjou.

● Heute können Besucher auf dem herrlichen Abteigelände in einem Hotel übernachten.

> „Ich betete jede Sekunde, die ich im Fass war, außer ein paar Sekunden nach dem Fall, als ich ohnmächtig wurde."

Niagarafälle
ANNIE EDSON TAYLOR
Niagarafälle, USA/Kanada

Was tun, wenn man in Rente gehen will, verwitwet ist und Lehrerin, allerdings das Geld für den Lebensabend nicht ausreicht? Man kann sich wie Annie Edson Taylor (1838–1921) in ein Holzfass zwängen und mit der Strömung über die Niagarafälle in die Tiefe stürzen.

Annie hatte von Männern gehört, die sich todesmutig in die Stromschnellen stromabwärts der Wasserfälle hineinwagten. Wenn sie aus einem werbewirksamen Stunt die Wasserfälle hinunter Profit schlagen würde, überlegte Annie, könnte sie bequem in Pension gehen. Doch die Lehrerin aus Michigan war nicht dumm und schickte, bevor sie selbst das waghalsige Manöver antrat, ihre Katze namens Niagara im Fass auf Probefahrt. Diese soll den Höllentrip unbeschadet überstanden haben, wobei man nicht weiß, was Niagara dazu gesagt hätte, wenn sie befragt worden wäre.

Am 24. Oktober 1901 bestieg Annie das von ihr entworfene Fass. Es war mit einer schützenden Matratze und einem Harnisch ausgestattet und an der Unterseite mit einem Amboss beschwert, damit es möglichst aufrecht blieb. Der Presse gegenüber gab sich Annie unverfroren als 43-Jährige aus, dabei bezeugten sichere Quellen ihr Alter auf mindestens 63 Jahre. Eine Zeitung bzeichnete sie gar als „betagt". Sei es, wie es sei – das Fass mit Annie rumpelte auf dem Fluss in Richtung Wasserfälle und verschwand. Wie durch ein Wunder tauchte es in der Tiefe wieder an die Oberfläche, wurde von Annies Team flugs aus den Fluten gezogen und Annie blieb bis auf ein paar Schrammen am Kopf unversehrt.

Annie war der erste Mensch, der den Sturz die Niagarafälle hinab überlebte, und bahnte mit ihrer Aktion als Stunt-Pionierin der Frauenwelt den Weg zur künftigen Teilnahme an derart halsbrecherischen Unternehmungen.

Auch wenn Annie mit ihrem Kunststück bewies, dass Frauen genauso zu gefährlichen, unvernünftigen Taten fähig waren wie Männer, brachte es ihr leider nicht den erhofften Geldsegen. Sie starb im Armenhaus und wurde nicht weit von den Wasserfällen begraben. Die Inschrift auf ihrem Grabstein erinnert an ihre bemerkenswerte Aktion.

Zu den Niagarafällen folgt man den verliebten Pärchen auf der Interstate 190 von Buffalo, New York, etwa 30 Minuten Richtung Nordwesten.

Neues Schloss

PRINZESSIN WILHELMINE

Bayreuth, Deutschland

Im 18. Jahrhundert war Bayreuth ein kleines deutsches Provinznest im Heiligen Römischen Reich. Bis Prinzessin Wilhelmine von Preußen (1709–1758) kam, die von ihrem Vater an den Sohn des Markgrafen verheiratet wurde. Die kultivierte junge Prinzessin, ältere Schwester Friedrichs des Großen, verzweifelte anfangs in der oberfränkischen Provinz und wollte aus dem verschlafenen Städtchen ein Zentrum der Aufklärung machen. Wie gut, dass ihr Gatte Friedrich 1735 seinen Vater als Markgraf beerbte. Fortan nahmen sie großartige Baumaßnahmen in Angriff. Sie errichteten Landschaftsparks und Gärten, förderten die Schönen Künste, gründeten eine Universität und einen Salon. Wilhelmines Vision ließ aus Bayreuth eine strahlende Kulturmetropole entstehen, wobei sie den Fürstenhof an den Rand des Konkurses brachte. Später richtete sie im Siebenjährigen Krieg ihren fähigen Verstand auf die Politik.

Zu ihren renommiertesten Bauten zählt das 1746 eröffnete Markgräfliche Opernhaus, bis heute das größte und schönste barocke Hoftheater Deutschlands. 114 Jahre nach Wilhelmines Tod zog es Richard Wagners Aufmerksamkeit so sehr auf sich, dass er Bayreuth als Spielstätte für seine jährlichen Festspiele wählte. Auch den Bau des extravaganten Neuen Schlosses und die Neugestaltung der Eremitage mit dem Alten Schloss im Stil des Rokoko gab Wilhelmine in Auftrag. Bei ihrem Tod 1758 hatte sie Bayreuth komplett umgestaltet und wird seither als Architektin der Stadterneuerung gefeiert.

📍 Bayreuth ist mit dem Zug in rund 60 Minuten von Nürnberg zu erreichen.

Finca Vigía
AVA GARDNER
Havana, Kuba

Sie war mit Mickey Rooney verheiratet, dann mit dem Jazzmusiker Artie Shaw und später mit Frank Sinatra. Ohne Zweifel beeindruckte der Hollywood-Star Ava Gardner (1922–1990) eine Schar interessanter Männer. Die Schönheit und Femme fatale war noch dazu keine schlechte Schauspielerin. Für ihre Rolle in Mogambo ergatterte sie beinahe einen Oscar. Auch mit dem Eigenbrötler Howard Hughes verband sie eine lange Freundschaft. Ernest Hemingway, ein weiterer alter Freund, brachte seine Faszination für Avas Ausstrahlung in besonderer Weise zum Ausdruck. Nachdem er zugesehen hatte, wie sie nackt im Pool seiner traumhaften Finca Vigía am Rande von Havana badete, wies er sein Hauspersonal an: „Das Wasser wird nicht abgelassen."

⬅ Die Finca Vigía in San Francisco de Paula erreicht man per Metro-Bus P-7 (Alberro) von Parque de la Fraternidad in Centro Habana.

Statue von Nadeschda Durowa
NADESCHDA DUROWA
Jelabuga, Russland

Die stolze Reiterstatue im Zentrum von Jelabuga in Tatarstan erweist sich bei näherer Betrachtung als die einer Frau in Militäruniform. Die aufrechte Figur ist keine geringere als die berühmte Nadeschda Durowa (1783–1866).

Die Tochter eines russischen Majors wuchs mit Soldaten auf, ritt auf Pferden und spielte mit Waffen. Mit 24 tarnte sich die erbitterte Patriotin als Mann. Sie kämpfte unter dem Decknamen Alexander Sokolow im Feldzug gegen Preußen und später gegen Napoleon. Zar Alexander I. höchstpersönlich wurde auf ihre Heldentaten aufmerksam und gewährte ihr, das Pseudonym Alexandrow zu tragen.

➡ Die Reiterstatue findet man in Jelabuga auf der Straßenkreuzung von Ulitsa Durowa und Ulitsa Kazanskaya.

Volkspark Hasenheide
TRÜMMERFRAUEN
Berlin, Deutschland

Im Volkspark Hasenheide in Berlin steht die Skulptur einer Frau. Sie sitzt auf einem Ziegelsteinhaufen, mit einen Hammer in den Händen, ihren Blick erschöpft emporgerichtet. Das Mahnmal gedenkt der zahllosen Trümmerfrauen, die in den Monaten und Jahren nach dem Zweiten Weltkrieg die deutschen Städte vom Schutt befreiten. Viele Berliner joggen oder picknicken im Sommer im Volkspark. Kaum einer denkt darüber nach, dass Berlin, so wie wir es heute kennen, von den Trümmerfrauen mit aufgebaut wurde.

Rund die Hälfte der deutschen Infrastruktur im ganzen Land war durch die Bomben und Flammen ausgelöscht oder beschädigt worden. Weil viele deutsche Männer gestorben oder in Kriegsgefangenschaft waren, wurden alle Frauen zwischen 15 und 50 von den Alliierten angewiesen, die eingestürzten Mauern abzureißen und wiederverwendbare Backsteine aufzusammeln. Es war eine Knochenarbeit. Alleine in Berlin schufteten rund 60 000 Frauen mit Hammer und Spitzhacke im Dreck und in der Asche, oft um die neun Stunden am Tag, gegen einen geringen Lohn und Lebensmittelkarten.

Die Skulptur aus Muschelkalkstein der Bildhauerin Katharina Szelinski-Singer wurde 1952 in Auftrag gegeben, als 32 Trümmerfrauen das Bundesverdienstkreuz erhielten. 1955 stand das Mahnmal zunächst auf der Rixdorfer Höhe, einem Hügel aus Trümmern. 1986 brachte man es zu dem heutigen Standort im Volkspark, damit es für die Passanten sichtbarer ist.

Das Denkmal steht in der Nähe des Nordeingangs an der Graefestraße, nicht weit vom U-Bahnhof Hermannplatz.

Kaiserpalast Kyōto

TOMOE GOZEN

Kyōto, Japan

Onna bugeisha, weibliche Krieger, sind in Japans Tradition der Samurai selten und werden besonders gefeiert. Um Tomoe Gozen (1157–1247) ranken sich die meisten Legenden. Das Heldenepos *Heike Monogatari* berichtet über sie. In den Schlachten des Genpei-Krieges kämpfte sie neben ihrem Mann und befehligte ihr eigenes Heer mit 300 Samurai.

Für die Bewohner Kyōtos stellt Jidai Matsuri eines der drei großen Feste im Jahr dar. Immer im Herbst ziehen mehr als 2 000 Menschen in Kostümen aus dem 8. bis 19. Jahrhundert vom Kaiserpalast Kyōto über die Straßen zu dem Heian-jingū-Schrein. Dabei entdecken die Zuschauer gewiss auch Frauen in der Parade, die sich als Tomoe Gozen verkleidet haben.

Das Jidai Matsuri heißt auch „Festival der Zeitalter" und wird alljährlich im Oktober begangen.

Trinitatisfriedhof
LILI ELBE
Dresden, Deutschland

Lili Elbe, die in Dänemark als Einar Mogens Andreas Wegener (1882–1931) geboren wurde, war Malerin und eine der ersten bekannten Menschen, die sich einer geschlechtsangleichenden Operation unterzog. Häufig stand sie für ihre Ehefrau Gerda Wegener Modell, die ebenfalls Malerin war und voll und ganz hinter Lilis Verwandlung stand. Lilis Autobiografie wurde zu einem Roman und dem Film *The Danish Girl* verarbeitet, die ihre Geschichte erzählen. 1930 reiste Lili nach Deutschland, um sich mehreren geschlechtsangleichenden Operationen zu unterziehen. Es war der Beginn derartiger medizinischer Eingriffe. Leider kam es nach Lilis vierter Operation, bei der ihr eine Gebärmutter verpflanzt wurde, zu Komplikationen, 1931 starb sie in Dresden. Lili Elbes Grab auf dem Trinitatisfriedhof in Dresden wurde 2016, ein Jahr nach der hochgelobten Kinopremiere über ihr Leben, wieder neu hergerichtet.

● Wer in Lilis und Gerdas Heimatland Dänemark unterwegs ist, kann sich im Vejle Kunstmuseum einige ihrer Werke ansehen.

4 Kultstätten für GROSSE GÖTTINNEN

1 PACHAMAMA
Pachamama-Tempel, Isla Amantani, Peru

Zwei Berge, Pachamama und Pachatata, an deren terrassenförmigen Hängen Quinoa, Kartoffeln und Weizen angebaut werden, bilden die markante Silhouette der peruanischen Insel Amantaní auf dem Titicacasee. Ihre Bewohner, Nachfahren der alten Aymara-Hochkultur, bringen der Göttin Pachamama Opfer dar, damit sie ihre Äcker beschützt, und wandern auf den Gipfel des Pachamama zu dem Tempel hoch über der Insel. Für die indigenen Andenvölker Südamerikas ist Pachamama als „Mutter Erde" die bedeutendste weibliche Figur und in der alten Mythologie der Inka die Göttin der Zeit und Fruchtbarkeit. Sie lenkt die Sonne, den Mond und die Bewegungen des Wassers, sorgt für gute Ernte und spendet jedem Leben auf der Erde Kraft.

2 ATHENA
Parthenon, Athen, Griechenland

Der Parthenon ist das alles überragende Monument der Akropolis in Athen und Ausdruck für den Glanz des antiken Griechenlands. Sein Name, der „Gemach der Jungfrau" bedeutet, bezieht sich auf die Göttin Athena, welche die Macht und das Ansehen der Stadt verkörperte. In nur 15 Jahren wurde der größte dorische Tempel in Griechenland im höchsten Teil der Akropolis erbaut und 438 v. Chr. fertiggestellt. Er befindet sich an der Stelle von mindestens drei früheren Tempeln für Athena und erfüllte eine doppelte Funktion: Er beherbergte die von Perikles beauftragte kolossale Athena-Statue und diente zugleich als neues Schatzhaus. Athena, Schutzgöttin der Stadt, Göttin der Weisheit und des Kampfes, steht zudem für Klugheit. Bei ihrer Geburt entsprang sie dem Haupt ihres Vaters Zeus.

MINAKSHI
Minakshi-Tempel, Madurai, Indien

Der knallbunte Tempel der dreibrüstigen Kriegsgöttin Minakshi in Madurai, Tamil Nadu, ist ein Glanzstück der südindischen Tempelarchitektur. Auffallend am riesigen, sechs Hektar großen Tempelkomplex aus dem 17. Jahrhundert sind die zwölf hohen Tortürme, *Gopurams,* und die Überfülle an Figurenschmuck mit Göttern, Göttinnen, Dämonen und Helden, 1 511 davon alleine am südlichen Gopuram. Minakshi, eine Erscheinungsform der Göttin Parvati, kam mit drei Brüsten zur Welt – und mit einer Prohezeiung: Ihre zusätzliche Brust würde bei der Begegnung mit ihrem zukünftigen Gemahl verschwinden. Dies geschah, als sie Shiva erblickte und den Platz an seiner Seite einnahm. Allabendlich wird bei einer Prozession eine Figur von Sundareswarar (Shiva) zum Schrein der Minakshi gebracht.

ARTEMIS
Tempel der Artemis, Selçuk, Türkei

Nur eine Säule zeugt von dem gewaltigen Tempel der Artemis, kurz Artemision, am westlichen Ortsrand von Selçuk. Der Tempelbau im einst griechischen Ephesos war eines der Sieben Weltwunder der Antike und zählte in der Blütezeit 127 Säulen. Um ein Gefühl für die gigantische Dimension des Tempels zu bekommen, besichtigt man die Celsus-Bibliothek in Ephesos oder den besser erhaltenen Apollontempel von Didyma mit „nur" 122 Säulen. Überflutungen und Invasionen zerstörten den Tempel im Laufe der 1 000 Jahre mehrfach, doch die Bewohner von Ephesos bauten ihn stets wieder auf, als Zeichen der Liebe zu ihrer Fruchtbarkeitsgöttin (Diana bei den Römern). Pilger und Gönner, darunter die größten Herrscher jener Zeit, brachten Ephesos mit dem Artemiskult immensen Wohlstand.

„Das Abenteuer lohnt sich um seiner selbst willen."

Amelia Earhart Monument
AMELIA EARHART
Burry Port, Wales

Ein Denkmal in Burry Port markiert die Stelle der Landung von Amelia Earhart (1897–1937), die dort am 17. Juni 1928 als erste Frau nach einem Nonstop-Transatlantikflug gelandet war. Allerdings sollten die Besucher wissen, dass sich Burry Port und das benachbarte Pwll seit Jahren darüber im Clinch liegen, wer die Anerkennung als Landeplatz der berühmten Flugpionierin wirklich verdient hat.

Der Sachverhalt ist in der Tat komplex. Als das Flugzeug nach dem historischen Flug von Neufundland nach Südwales niedergegangen war, teilte man Earhart und der Besatzung als Standort die „Bucht von Pwll" mit, weshalb in Pwll eine sog. Blaue Plakette an das Ereignis erinnert. Das Flugzeug war jedoch auf dem Wasser gelandet und in den Hafen von Burry Port gezogen worden. Dort ging die Crew erstmals an Land. Verärgert über Pwll, entschied Burry Port sich für den Bau eines echten Denkmals, um Earhart zu würdigen. Vor Ort sollten Earhart-Fans daher mit Vorsicht äußern, auf welcher Seite sie stehen.

Bei ihrer Landung in Burry Port (oder Pwll) war Earhart die erste Frau, die als Passagierin den Atlantik auf dem Luftweg überquert hatte. Diese Leistung überbot Earhart im Jahr 1932 als Pilotin, denn mit ihrer Landung auf einem Acker im nordirischen Derry war ihr der erste Alleinflug einer Frau über den Atlantik gelungen. Auf der Howlandinsel im Pazifischen Ozean ist der Signalturm Amelia Earhart Light nach der legendären Pilotin benannt, die seit 1937 in der Umgebung der Insel als verschollen gilt.

📍 Vom Bahnhof Pembrey & Burry Port sind es nur etwa 200 Meter zum Amelia Earhart Monument.

Festung São Miguel
KÖNIGIN NZINGA
Luanda, Angola

Königin Nzinga (1583–1663) ist eine Galionsfigur in der Geschichte Angolas. Als sie mit der Nabelschnur um den Hals zur Welt kam, prophezeite man der Prinzessin eine große Zukunft, in der sie alle Herausforderungen meistern würde. Zum Zeitpunkt ihrer Geburt im Königreich Ndongo, der Heimat des Mbundu-Volkes, hatten die Portugiesen bereits eine Niederlassung im benachbarten Luanda errichtet. Trotz der Widerstände, die ihr als Frau entgegenschlugen, errang Nzinga nach ihrem Vater und Bruder den königlichen Titel, nachdem sie das Matamba-Reich vereinnahmt und eine Einigung mit den Imbangala geschmiedet hatte. Indem sie Sklavenrouten abschnitt und geflohenen Sklaven Unterschlupf gewährte, konnte sie den Einfluss der Portugiesen schmälern. Schließlich ging sie ein Bündnis mit den Holländern ein, um ihre Macht zu halten.

Die Statue der Kriegerkönigin nimmt heute vor der Festung von São Miguel, die von den Portugiesen 1576 errichtet wurde, einen Ehrenplatz ein. Das Museum der Armee, das sich in der Festung befindet, zeigt militärisches Material aus dem angolanischen Unabhängigkeitskrieg. Während Nzinga vor den Toren der Festung thront, sind die Statuen früherer portugiesischer Regenten innerhalb der Festungsmauern aufgestellt. Sie wurden nach dem Ende der portugiesischen Kolonialzeit von ihren ursprünglichen Standorten in Luanda hierhergebracht. São Miguel war ein Haupthafen für den Sklavenhandel mit Brasilien. Die Stadt repräsentiert die Blütezeit der Portugiesen, gegen die Königin Nzinga so leidenschaftlich angekämpft hatte, und steht zugleich für die Rückgabe der Gebiete an das angolanische Volk.

● Die Festung, ältestes existierendes Bauwerk in Luanda (das Bild zeigt das moderne Eingangstor), bietet einen weiten Blick auf die Stadt.

Prinzessin-Diana-Gedenkbrunnen, Hyde Park

DIANA, PRINZESSIN VON WALES

London, England

"Vollbringe einen zufälligen Akt der Freundlichkeit, ohne Gegenleistung zu erwarten, in der Gewissheit, jemand würde eines Tages dasselbe für dich tun."

Wie kaum jemand zuvor hat Diana (1961–1997), Prinzessin von Wales, die Herzen der britischen Bevölkerung erobert, die den Schock und die Trauer über ihren tragischen Tod mit einem Blumenteppich vor dem Kensington-Palast zum Ausdruck brachten. 2004 wurde im Londoner Hyde Park unweit der Serpentine Bridge nach dem Entwurf der Landschaftsarchitektin Kathryn Gustafson ein Gedenkbrunnen zu Ehren Dianas eingeweiht, ein „Schlossgraben ohne Schloss", der sich „wie ein Halsband" um die südwestliche Ecke des Hyde Park legt. Grundwasser fließt in zwei Richtungen durch den ovalen Wasserlauf aus 545 Granitblöcken von Cornwall. Wer mag, besucht zu Ehren der zauberhaften Lady Di auch den Gedenkspielplatz (Diana Memorial Playground) in den Kensington Gardens, den Erinnerungsweg (Diana Memorial Walk) und den Weißen Garten (White Garden) vor dem Kensington-Palast.

Die königlichen Parkanlagen Hyde Park und Kensington Gardens grenzen auf einer Gesamtfläche von 253 Hektar unmittelbar aneinander.

„Nofretete ist wie Athena aus dem Haupte Zeus' entsprungen, eine schwerköpfige, gepanzerte Göttin." – Camille Paglia

Amuntempel, Karnak

NOFRETETE

Theben, Ägypten

Nofretete (um 1370–1330 v. Chr.) war im 14. vorchristlichen Jahrhundert eine der mächtigsten Frauen der Welt. Die geheimnisvolle Königin von Ägypten, Gemahlin des Pharaos (Königs) Echnaton, spielte während ihrer Herrschaft eine wichtige Rolle im Kult des Sonnengottes Aton und übte sogar das höchste Priesteramt aus, was sonst nur männlichen Pharaonen vorbehalten war. Das Herrscherpaar verlieh dem Alton-Kult einen außergewöhnlichen Status und erhob den Sonnengott zum obersten Gott im altägyptischen Pantheon. Nofretete, deren Name „Die Schöne ist gekommen" bedeutet, ist uns in zahllosen Kunstwerken überliefert. Ihr besonderes Merkmal ist der charakteristische blaue Kopfschmuck, eine hohe, oben abgeflachte Krone. Viele Abbildungen porträtieren Nofretete als liebende Begleiterin des Königs, andere wiederum stellen dar, wie sie an ihren Feinden Rache nimmt.

Nofretete selbst wurde offenbar auch als lebende Fruchtbarkeitsgöttin wahrgenommen. Manche Historiker sagen, sie war nicht nur Echnatons Begleiterin, sondern Mitregentin bzw. sie hätte nach Echnatons Tod weiter regiert. Nofretete gebar ihm sechs Töchter, davon drei in Theben – zwei wurden selbst Königinnen in Ägypten. Auf dem Höhepunkt ihrer Macht, in Echnatons 14. Regierungsjahr, verschwinden alle Aufzeichnungen über Nofretete. Niemand weiß genau, was mit ihr geschah. Doch dank der Kunstwerke ist Nofretetes Bild und ihr Vermächtnis für die Nachwelt bewahrt.

Nofretete und Echnaton regierten in der altägyptischen Stadt Theben. Am östlichen Nilufer (Theben-Ost) liegt das Dorf Karnak mit der größten Tempelanlage Ägyptens. Auf einer Schenkungsstele im dortigen Amuntempel wurde Nofretete der Titel „Gottesgemahlin" verliehen.

Borgia-Gemächer
LUCREZIA BORGIA
Vatikanstadt, Italien

Die Tochter des späteren Papstes Alexander VI. und seiner Mätresse wurde in eine wohlhabende und einflussreiche Familie geboren. Lucrezia Borgia (1480–1519) lebte in der italienischen Renaissance, die von politischen Machenschaften gekennzeichnet war. Die gebildete Lucrezia sprach Italienisch, Französisch, Griechisch und Latein. Ihr Clan jedoch sah den Wert Lucrezias in den vorteilhaften, für sie arrangierten Eheschließungen. Sie galt als Schönheit, was die Angelegenheit enorm erleichterte, und stand sogar Modell für Pinturicchios Fresko "Die Disputation der heiligen Katharina von Alexandrien" in den Gemächern ihres Vaters im Vatikan. Wenn ein Ehemann der Familie seinen Zweck erfüllt hatte, fand der berüchtigte Borgia-Clan einen Weg, ihn loszuwerden. Zumindest ihr zweiter Gatte wurde wohl vom Clan ermordet. Erst nach dem Tod ihres Vaters und in dritter Ehe mit Alfonso d'Este, Herzog von Ferrara, kehrte Ruhe in Lucrezias Leben ein und sie wurde Kunstmäzenin. Ihre Rolle im Machtsystem ihres Vaters und Bruders, Cesare, wurde viel diskutiert. Womöglich war sie nur ein Opfer politischer Machtspiele, trotz vieler anzüglicher Geschichten, darunter ein Drama von Victor Hugo und eine Oper von Donizetti, in denen sie als Verführerin dargestellt wird, die ihre Widersacher vergiftete.

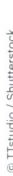

● Einen Einblick in das Leben Lucrezias und ihrer Familie gewährt der Besuch der Borgia-Gemächer im Vatikanischen Palast in Rom.

Emancipation Park

GRANNY NANNY

New Kingston, Jamaika

In Geschichtsbüchern steht nur wenig über Granny Nanny geschrieben. So beruhen die Erinnerungen an eine der herausragendsten militärischen Heldinnen Jamaikas zum Großteil auf mündlichen Überlieferungen. Die in Ghana vor dem Jahr 1700 geborene Nanny wurde als Sklavin nach Jamaika verschleppt, um dort auf Plantagen zu arbeiten. Nachdem ihr die Flucht in die Blue Mountains gelungen war, gründete sie Nanny Town, eine Siedlung für Maroons, wie die entflohenen Sklaven genannt wurden. „Nanny of the Maroons" befreite den Erzählungen nach als Anführerin einer Maroon-Gruppe im Kampf gegen die britischen Kolonialisten einige Hundert Menschen aus der Sklaverei und spielte eine Schlüsselrolle im Ersten Maroon-Krieg (1720–1739). Ob Nanny 1733 in einem Gefecht starb oder erst viele Jahre später, ist nicht geklärt. Als einzige Frau Jamaikas ist Nanny eine offizielle Nationalheldin des Landes und ihr Abbild ziert die jamaikanische 500-Dollar-Note. In Moore Town und im Emancipation Park in Kingston wird mit Denkmälern der großen Befreiungskämpferin gedacht.

• Im Maroon Cultural Center in Moore Town lernt man etwas über die Stadtgeschichte. Danach lohnt sich die Wanderung zu den nahen Nanny Falls, ein nach der berühmten Stadtheldin benannter Wasserfall. Der Emancipation Park in Kingston gedenkt des Endes der Sklaverei.

Museum Bouboulina
LASKARINA BOUBOULINA
Spetses, Griechenland

Die griechische Freiheitskämpferin und Heldin Laskarina Bouboulina, die oft kurz Bouboulina genannt wird, erblickte um das Jahr 1771 das Licht der Welt. Die Tochter eines Kapitäns gelangte als wagemutige Kommandantin einer Armada im Kampf gegen die osmanischen Besatzer zu großem Ruhm. Ausschweifende Erzählungen, Balladen und Dramen berichten über Bouboulinas abenteuerliches Leben, was es schwierig macht, Wahrheit und Fantasie zu unterscheiden. Bekannt ist jedenfalls, dass Bouboulina mit der Seefahrerei aufwuchs. Nach dem Tod ihres zweiten Ehemanns übernahm sie dessen vier Schiffe und kommandierte diese als unerschrockene, siegreiche Kapitänin im griechischen Unabhängigkeitkrieg. Immer wieder verließ sie ihr Schiff und kämpfte an Land weiter. Auch als exzellente Verhandlungsführerin tat sich Bouboulina hervor und konnte mancherorts erreichen, dass Menschenleben verschont blieben.

Die übermächtige Bouboulina war Mutter von sechs Kindern und überlebte ihre beiden Ehemänner. 1825 wurde sie bei einer Familienfehde in ihrem Haus, gezielt oder unbeabsichtigt, von einer Kugel tödlich getroffen. Jenes Haus auf der Insel Spetses ist heute ein hübsches Museum und kann im Rahmen einer geführten Tour besichtigt werden, die Öffnungszeiten sind am Museum und am Hafen von Dapia auf Tafeln ausgehängt.

📍 Außer dem Museum (hier im Bild) würdigt auch eine Skulptur am Hafen, gegenüber von dem Hotel Poseidonion, die Nationalheldin.

© stefanel / Shutterstock

Mosaik der Kaiserin Zoe

KAISERIN ZOE

Hagia Sophia, Istanbul, Türkei

Die eindrucksvolle Hagia Sophia, einst das geistliche Zentrum von Byzanz in Konstantinopel, gewährt auf einem Gold- und Glasmosaik einen Blick auf das prachtvolle Leben der Kaiserin Zoe (978–1050). Es zeigt Jesus mit der ikonischen Herrscherin zur Rechten und deren Gemahl Konstantin IX. zur Linken. Spuren deuten jedoch darauf hin, dass die drei Porträts ausgetauscht wurden, was durchaus sein kann. Konstantin IX. war der dritte Gatte der Kaiserin und sein Kopf wurde möglicherweise nach dem Ableben der beiden ersten Ehemänner ersetzt.

Zoe Porphyrogenita wurde als Tochter des Kaisers Konstantin VIII. geboren, der sie im Alter von 23 Jahren Otto III. versprach, dem Kaiser des Heiligen Römischen Reiches. Leider starb Otto, bevor Zoes Schiff Rom erreichte, und man schickte sie zurück nach Konstantinopel. Zoe lebte im Großen Palast, bis ihr Vater starb, dann wurde sie mit 50 Jahren zur byzantinischen Kaiserin gekrönt. Ihr erster Ehemann ertrank mysteriöserweise im Bad und Zoe heiratete am gleichen Tag Michael, ihren Liebhaber aus Jugendzeiten. Nach dessen Tod wurde Zoes adoptierter Thronerbe zum Kaiser gekrönt und verbannte Zoe in ein Kloster, was ihn bei seinen Untertanen unbeliebt machte. Es kam zum Volksaufstand und Zoe bestieg erneut den Thron, diesmal mit ihrer jüngeren Schwester Theodora. Zoe heiratete in dritter Ehe Konstantin IX. Mit ihm und Theodora herrschte Zoe fortan in einer beispiellosen Dreiervereinbarung, bis sie 72-jährig verstarb.

📍 Das Mosaik mit Zoe in der Hagia Sophia befindet sich an der Ostwand der südlichen Empore, gegenüber des Haupteingangs.

Rose Bowl
BRANDI CHASTAIN
Pasadena, USA

Noch zwanzig Jahre später ist es eine der ikonischsten Fotografien einer Athletin: Die US-amerikanische Fußballerin Brandi Chastain (geb. 1968) auf den Knien, das Trikot vom Leib gerissen und die Fäuste geballt, präsentiert auf dem Spielfeld ihre Muskeln unter dem legendären schwarzen Sport-BH. Gerade hatte die Verteidigerin 1999 im Elfmeterduell des WM-Finales der Frauen die USA gegen China zum nervenzerreißenden 5:4-Sieg geschossen. Doch das Foto illustriert etwas viel Größeres als nur einen Siegestreffer, nämlich eine Frau im sportlichen Triumph über sämtliche Vorurteile, im Kampf um Gleichberechtigung auf dem Spielfeld und jenseits von Fußball. Seit 2004 ist das Ausziehen der Trikots auf dem Platz verboten und Chastains BH-Foto nun wohl kaum noch zu toppen.

📍 Die Renovierungsarbeiten am Rose Bowl Stadium in Pasadena, nordöstlich von Los Angeles, verschlangen 183 Millionen US-Dollar und dauerten bis 2016 an.

House of Commons
JO COX
London, England

An Jo Cox (1974–2016) erinnert im House of Commons eine Plakette in Wappenform, die ihre zwei Kinder gestalteten. Zwei weiße und zwei rote Rosen symbolisieren die vier Mitglieder der Familie sowie Jo Cox' Verbundenheit mit der Labour-Partei und mit Yorkshire. Das britische Parlament ehrt Abgeordnete, die während ihrer Amtszeit umkommen, traditionell mit solchen Wappen. Ein Rechtsextremer hatte die engagierte Politikerin 2016 auf ihrem Heimweg von der Arbeit ermordet. „More in Common" („mehr gemeinsam"), ein Zitat aus ihrer Antrittsrede im Parlament, steht als Gedenkspruch unter der Plakette.

📍 Die Gedenkplakette hängt im Sitzungssaal des Unterhauses (House of Commons) im Westminster Palace, dem britischen Regierungssitz.

Triumphbogen
ZENOBIA
Palmyra, Syrien

Das antike Palmyra galt als die Perle der Wüste. Lange Zeit war die Oasenstadt eine Station für Karawanen auf der Seidenstraße und entwickelte sich im 3. Jahrhundert zu einem blühenden kulturellen Zentrum, dessen Märkte überquollen voller Luxusgüter wie Jade, Gewürze und Seide. Es war ein Ort, der bereit war für eine Kaiserin. Und genau dies strebte Zenobia, die Königin von Palmyra, für sich an. Zenobia bestieg den Thron nach der Ermordung ihres Gatten, des Königs und erfolgreichen Heerführers, den sie oft an die Front begleitet hatte, um die Kriegskunst zu erlernen. Sie bewegte sich in intellektuellen Sphären so geschickt wie auf dem Schlachtfeld, interessierte sich für Philosophie und sprach vier Sprachen.

Als Zenobia Königin wurde, stand Palmyra schon über zweihundert Jahre lang unter römischer Besatzung, doch interne Querelen erschütterten das Römische Reich. Als sich das Chaos in Rom durch eine Krise im Zusammenhang mit der Thronfolge verschärfte, erkannte die Herrscherin die Chance auf Freiheit für ihr Volk und ergriff sie.

Drei Jahre lang sicherte Zenobia die Grenzen von Palmyra und baute das Militär auf. Dann überfiel sie andere Teile des Römischen Reiches, eroberte Arabien und schließlich Ägypten. Das palmyrenische Reich umfasste bald einen Großteil des östlichen Mittelmeerraums.

Die Römer schlugen natürlich zurück. Zwei Jahre nach ihrer Ausrufung zur Königin Ägyptens wurde Zenobia zum Rückzug gezwungen. Die Soldaten des Kaisers Aurelian nahmen sie schließlich gefangen und führten sie in goldenen Ketten in einem Triumphzug durch die Straßen. Für einen kurzen Moment jedoch hatte sie dem mächtigen Römischen Reich die Stirn geboten. Zenobia war eine unbeugsame, ehrgeizige und brillante Frau, die den Titel einer Kaiserin mehr als verdient hätte.

VON ANNE THÉRIAULT
Queens of Infamy

Im Bürgerkrieg in Syrien wurden viele historische Stätten zerstört und geplündert, doch die UNESCO plant aktuell den Wiederaufbau von Palmyra, damit bald die Touristen zurückkehren können.

Oristano
ELEONORA D'ARBOREA
Sardinien, Italien

Im Herzen der historischen Altstadt von Oristano auf Sardinien steht eine gebieterische Frau, stolz und aufrecht, die Hand zum Himmel erhoben. Die elegante Statue von 1881 ist ein Denkmal zu Ehren der Eleonora d'Arborea (um 1347–1404), eine der mächtigsten und respektiertesten Herrscherinnen Italiens. Im spanischen Katalonien geboren, berief man d'Arborea 1383 als Richterin nach Sardinien. Bis zu ihrem Tod hatte sie über die Insel das Sagen.

Sie war eine der mächtigsten Richterinnen Sardiniens. Ihre Gesetzessammlung Carta de Logu von 1392 machte d'Arborea berühmt, mit der sie das Rechtssystem und die lokalen Normen auf den Kopf stellte. Eines dieser Gesetze gewährte Töchtern und Söhnen die gleichen Erbansprüche. Das war revolutionär! Außerdem leistete d'Arborea Widerstand gegen die nach der Kontrolle der Region trachtenden Aragoneser und einte die Sarden in diesem Kampf, den sie am Ende doch verlieren sollten.

Als erste Herrscherin in der Geschichte stellte d'Arborea auch die Wilderei von Vögeln unter Strafe. Deshalb wurde die einheimische Falkenart *Falco eleonorae* später nach ihr benannt, die noch heute im Frühling und Sommer auf der Insel nistet.

In der Bucht Cala Fico auf der Insel San Pietro, vor der Südwestspitze Sardiniens, erspäht der aufmerksame Beobachter Eleonoras Falken.

Kathedrale St Brigid's
BRIGIDA VON KILDARE
Kildare, Irland

In der irischen Geschichte waren nicht alle Kirchen den Frauen freundlich gesinnt. Doch eine Ausnahme machte schon immer die Kathedrale St Brigid's in Kildare. Hier gründete Brigida (451–525) um das Jahr 480 ihr Kloster und verwandelte es in ein lebendiges Zentrum für Frauen gleich welcher Herkunft. Sie durften dort wohnen und arbeiten, als seltene Alternative zu ihrem Dasein als Ehefrau und Mutter. Wer den steilen runden Turm besteigt, sieht den Ort Kildare inmitten unberührter grüner Hügel wie einst zu Brigidas Zeiten. Heute würde Brigida die restaurierten mittelalterlichen Gemäuer nicht wiedererkennen, auch wenn ihre Geschichte in den Buntglasfenstern nacherzählt wird. Die Ruinen von „Brigidas Küche", einem Steingewölbe, kämen ihr gleichwohl bekannt vor. Ein Schild weist es zwar als Grabhügel aus, aber hier befand sich auch das heilige heidnische Feuer, das die Frauen zu Ehren einer keltischen Göttin bereits lange vor Brigida am Leben hielten. Brigida christianisierte dieses Ritual und ihr Orden hütete das ewige Feuer bis zur Reformation. Seit der Zeit vor der Geschichtsschreibung war dies ein Ort von Frauen, deren Spuren noch lange nicht in Vergessenheit geraten sind.

● Von der Kathedrale gelangt man nach kurzer Fahrt zu Moore Abbey Woods, einem unberührten, idyllisch gelegenen Waldgebiet.

Festung Rozafa
KÖNIGIN TEUTA
Shkodra, Albanien

Die Festung Rozafa, die eine tolle Aussicht über die Stadt und den Skutarisee bietet, ist die eindrucksvollste Sehenswürdigkeit von Shkodra. Sie wurde in der Antike von den Illyrern gegründet und viele Jahrhunderte später von den Venezianern und danach von den Türken ausgebaut. Die illyrische Königin Teuta nutzte sie als Hauptstützpunkt und führte von hier aus den illyrischen Stamm der Ardiäer gegen die Römer an, die ihr Reich im heutigen Albanien und Montenegro verteidigten. In der Regierungszeit der gefürchteten Piratin von etwa 231 bis 227 v. Chr. überfielen die Illyrer vom Adriatischen bis zum Ionischen Meer viele römische Handelsschiffe und besetzten die Häfen an der Küste.

Der Widerstand der Illyrer gegen die römische Flotte währte nicht lange. Der Legende nach tötete sich Teuta in der Bucht von Kotor selbst, um sich nach ihrer Vertreibung aus der Festung Rozafa und dem Rückzug nach Norden nicht den Römern zu unterwerfen. Teutas letztes Bollwerk in Risan hat kaum Spuren von ihr bewahrt. Auch in der Festung Rozafa gibt es nicht mehr viel zu sehen, bis auf einige Ruinen und eine imposante Befestigungsmauer, die alle unter späteren Herrschern entstanden sind. Ungeachtet dessen hallt die Geschichte der stolzen Königin aus der Antike bis heute wider. Benannt ist die Burg nach einer anderen Frau, Rozafa, die der Sage nach in die Fundamente eingemauert wurde.

An der Bucht von Kotor in Risan, Montenegro, stand eine weitere wichtige Burg der Königin Teuta, wenngleich Ausgrabungen bislang nur wenige illyrische Überreste zutage brachten.

Mutterhaus
MUTTER TERESA
Kolkata, Indien

Für viele ist Mutter Teresa (1910–1997) der Inbegriff von Mitgefühl und Aufopferung. Die Tochter albanischer Eltern kam als Agnes Gonxha Bojaxhiu im osmanischen Üsküp (heute Skopje, Nordmazedonien) zur Welt. Sie trat dem Orden der irischen Loreto-Schwestern bei und lehrte über zehn Jahre lang in Kalkutta, dem heutigen Kolkata. Von der Armut der Stadt erschüttert, gründete sie den Orden „Missionarinnen der Nächstenliebe" und richtete ab dem Jahr 1952 Heime für Notleidende und Sterbende ein. Während der Orden zu einer internationalen Wohltätigkeitsorganisation anwuchs, lebte Mutter Teresa sehr einfach. 1979 erhielt sie den Friedensnobelpreis. Es folgte 2003 ihre Seligsprechung durch den Vatikan, 2016 wurde sie heiliggesprochen.

Doch die „selbstlose Retterin der Armen" wird auch kritisch gesehen. Die feministische Autorin Germaine Greer bezichtigte Mutter Teresa des religiösen Imperialismus, der Journalist Christopher Hitchens prangerte in seinem Buch *The Missionary Position* Spenden von Diktatoren und korrupten Wirtschaftsbossen an. Viele bemängelten die schlechten medizinischen Kenntnisse der Ordensschwestern oder auch Mutter Teresas entschiedene Haltung gegen die Empfängnisverhütung. 2018 kam es im indischen Nachbarstaat Jharkhand zum Skandal in einem Kinderheim der Ordensgemeinschaft, das Babys zur Adoption verkauft haben soll. Ungeachtet dessen ist ihre lebenslange Mission, sich um Sterbende und Mittellose zu sorgen und ihnen mit Würde zu begegnen, Inspiration für viele andere Menschen. Heute strömen regelmäßig Pilger an das große, schlichte Grab der Mutter Teresa bzw. der Heiligen Teresa von Kalkutta, wie sie jetzt heißt.

Zum Mutterhaus läuft man von Sudder St. etwa 15 Min. die Alimuddin St. entlang, dann zwei Minuten nach Süden und die zweite Straße rechts.

Westminster Abbey
KÖNIGIN ELISABETH I.
London, England

Sie stand nach dem Tod ihres Vaters, Heinrichs VIII., an dritter Stelle der Thronfolge und wurde doch unerwarteterweise Königin von England. Elisabeth I. (1533–1603) erbte ein unschönes Durcheinander voller religiöser Zwietracht und Loyalitätskonflikte, gewann jedoch nach unsicherem Start an Selbstvertrauen und bewirkte große Veränderungen im Land. Die „jungfräuliche Königin", wie sie sich in Anspielung auf die Bibel wegen ihrer selbsterwählten Ehelosigkeit nannte, war vielleicht die erste englische Monarchin, die zu einer Kultfigur wurde.

Zu den großen Momenten ihrer 45-jährigen Regentschaft zählen die Niederlage der spanischen Armada, die weiten Entdeckungsfahrten der englischen Seefahrer Walter Raleigh und Francis Drake sowie die Ausdehnung des englischen Handelsnetzwerks mit neuen Kolonien an der Ostküste Amerikas. Auch kulturell erlebte England mit Autoren wie William Shakespeare oder Christopher Marlowe eine Blütezeit. Elisabeth I. hielt fast 19 Jahre lang Maria Stuart gefangen, bevor sie 1587 deren Hinrichtung befahl. Das elisabethanische Zeitalter von 1558 bis 1603 ging als goldenes Zeitalter mit Frieden und Wohlstand in die Geschichte Großbritanniens ein. Heute ruht Elisabeth I. in der Lady Chapel der Westminster Abbey, bei ihrer Halbschwester Maria I.

● Westminster Abbey untersteht direkt dem Königshaus und ist seit 1066 die britische Krönungskirche. Täglich finden Gottesdienste statt. Für Touristen ist die Abteikirche von Montag bis Samstag zu bestimmten Zeiten geöffnet.

„Ich wollte keinen Ruhm oder Reichtum. Aber ich wollte meine eigene Identität." — Naomi Parker Fraley

WWII Home Front National Historical Park
ROSIE THE RIVETER
Richmond, USA

Rosie the Riveter - „die Nieterin" - war in den USA eine der beliebtesten kulturellen Ikonen des 20. Jahrhunderts. Im Zweiten Weltkrieg trug sie dazu bei, dass sich rund 12 Millionen Amerikanerinnen als Arbeitskräfte in der Rüstungsindustrie anwerben ließen, um die Männer an der Front zu ersetzen. Nach ihrem Debüt in Kriegszeiten wurde Rosie als kraftvolles Symbolmotiv immer wieder umgestaltet und umfunktioniert. Rosie als starke Kunstfigur ist unstreitig, strittig war allerdings lange die Frage nach der tatsächlichen Frau, die im Jahr 1943 Modell stand, sei es für den Schlager „Rosie the Riveter", für Norman Rockwells Ölgemälde oder auch für das legendäre Propagandaplakat, das sie mit geballten Fäusten und Kopftuch zeigt und das auf einer echten Fotografie basierte. 2016 identifizierte Professor James J. Kimble nach sechsjähriger Forschungsarbeit Naomi Parker Fraley, die in der Maschinenhalle der Naval Air Station im kalifornischen Alameda gearbeitet hatte, eindeutig als echte „Original-Rosie" auf dem Werbeplakat.

Fraley starb 2018, doch die Erinnerung an sie - und an eine ganze Generation schwer arbeitender Frauen - wird im Rosie the Riveter/WWII Home Front National Historical Park in Richmond, Kalifornien, lebendig gehalten. Beim alljährlichen Rosie Rally Homefront Festival feiern Hunderte Besucher, meist Frauen, in Denim-Arbeiterhemden und mit rot gepunkteten Polka-Dot-Bandanas um den Kopf gebunden, die Erfolge der amerikanischen Arbeiterinnen an der Heimatfront und zelebrieren den Geist des „We Can Do It!" - „Wir schaffen das!"

Wenige Kilometer nördlich von Oakland liegt in Richmond der Rosie the Riveter/WWII Home Front National Historical Park. 56 kriegsrelevante Industriebetriebe gab es dort früher. Das Museumsgelände gewährt einen guten Einblick in die schwere Arbeit an der Heimatfront.

Knife River Villages
SACAGAWEA
Stanton, USA

Sie war erst elf oder zwölf Jahre alt, als Sacagawea (um 1788–1812) vom Nachbarstamm entführt wurde, und sie war kaum älter, als ein französisch-kanadischer Pelzhändler sie zur Kindsbraut nahm. Vor ihrem 25. Geburtstag starb Sacagawea an Typhus. Doch ihr tragisches Schicksal wird von der Geschichte der starken, intelligenten Frau überragt. Geboren im Stamm der Shoshone in Idaho, lebte das Indianermädchen mit seinem Kidnapper-Ehemann in den Knife River Villages in North Dakota, als Meriwether Lewis and William Clark auf ihrer Expedition zur Erkundung des amerikanischen Westens dort eintrafen. Sie engagierten Sacagaweas Mann als Dolmetscher und Sacagawea begleitete sie auf dem Weg zum Pazifik. Ihren neugeborenen Sohn auf dem Rücken, half Sacagawea der Expeditionstruppe, sich mit den Shoshone-Indianern zu verständigen. Ihr Mut und Einfallsreichtum waren legendär. Sie tauchte im Fluss nach Dingen aus einem gekenterten Boot und rettete die Gruppe vor dem Verhungern, weil sie einheimische Pflanzen zubereiten konnte.

Heute sind die Knife-River-Villages ein nationales historisches Denkmal mit Museum, rekonstruierten Häusern und Kunstobjekten der Prärie-Indianer. Ein Pfad führt durch bewaldete Niederungen zu den Ruinen des Dorfes Awatixa, in dem Sacagawea erstmals auf Lewis und Clark traf. Mündlichen Überlieferungen zufolge soll sie zu den Shoshone heimgekehrt und als verehrte Matriarchin mit 95 Jahren gestorben sein. Wir wünschen es ihr inständig.

Die Knife River Villages liegen in Stanton, North Dakota, nördlich von Bismarck.

Friedhof Kilmuir
FLORA MACDONALD
Isle of Skye, Schottland

Auf der grünen Halbinsel Trotternish auf der Insel Skye liegt ein einsamer Friedhof, der zu den markantesten in Schottland zählt. Bemerkenswert ist das Grab von Flora MacDonald (1722-1790). Die Tafel am hohen Keltenkreuz gedenkt der Frau, die den Lauf der Geschichte veränderte, treffend mit den Worten: „Bewahrerin von Prince Charles Edward Stuart". Gemeint ist Bonnie Prince Charlie („der schöne Prinz"), der den letzten Versuch wagte, den Thron für einen schottischen König zurückzugewinnen.

MacDonalds Heldentat nahm ihren Lauf, als sie 1746 den schönen Prinzen, der sich als ihre Zofe verkleidete, übers Meer zur Insel Skye ruderte. Auf diese Weise konnte der Prinz nach der verlorenen Schlacht von Culloden der Gefangennahme entfliehen und ins sichere Frankreich zurückkehren. Allerdings brachte MacDonald sich und ihre Liebsten in große Gefahr, denn die englischen Truppen waren dem Prinzen auf den Fersen. Tatsächlich wurde sie zwei Wochen später festgenommen und in den Tower of London gesperrt. Die Öffentlichkeit war von ihrem Heldenmut angetan und MacDonald hatte viele Anhänger, darunter den damaligen Erbprinzen Friedrich Ludwig, Prinz von Wales. 1747 kam die schottische Heldin wieder frei und lebte bis 1790.

Vieles über MacDonald gehört ins Reich der Legende und den Thronanspruch der Stuarts konnte sie nicht erwirken. Doch ihre riskante Überfahrt, mit der sie dem Prinzen zur Flucht verhalf, bescherte den Jakobiten für ein Weilchen neue Hoffnung.

Der Friedhof Kilmuir liegt 373 Kilometer nordwestlich von Glasgow und 35 Kilometer nordwestlich von Portree.

Linlithgow Palace

MARIA STUART

Linlithgow, Schottland

Maria Stuart (1542–1587), auch Mary Queen of Scots genannt, war die letzte gekrönte Monarchin Schottlands vor der Union der englischen und schottischen Krone und ist eine der umstrittensten und schillerndsten Figuren in der Geschichte des britischen Königshauses. Sie war sechs Tage alt, als ihr Vater, König Jakob V. von Schottland, starb. Im Alter von 16 wurde sie mit dem künftigen König von Frankreich vermählt und war rasch verwitwet, ihre zwei weiteren Ehemänner waren Hauptakteure im Intrigenspiel der britischen Politik des 16. Jahrhunderts. Der englischen Königin Elizabeth I. war die Schottin ein Dorn im Auge, sie nahm Maria Stuart 18 Jahre lang gefangen und befahl schließlich ihre Hinrichtung. Maria Stuart war eine gradlinige Persönlichkeit, die alles ertrug, was sich ihr in den Weg stellte, und sich trotz vieler Widrigkeiten stets wieder aufrappeln konnte.

Der klobige Linlithgow Palace, Marias Geburtsort, liegt am gleichnamigen Loch in der malerischen Landschaft von West Lothian. Viele Bauelemente der Schlossruine existierten schon zu Marias Lebzeiten, wie der Nordflügel, in dem sie zur Welt kam, oder der erst vier Jahre vor ihrer Geburt ergänzte Brunnen im Innenhof. Beim Besuch des Schlosses bekommt man eine Idee davon, wie der Alltag von Mary und der schottischen Königsfamilie in jenen turbulenten Zeiten ausgesehen haben könnte.

Der Bahnhof Linlithgow liegt an der Strecke Edinburgh-Glasgow, südöstlich der Schlossruine, die von dort zu Fuß zu erreichen ist.

IKONEN

Bronzestatue
CORAZON AQUINO
Manila, Philippinen

Als der Oppositionelle und Senator Benigno „Nino" Aquino bei einem Attentat getötet wurde, übernahm seine Witwe, Corazon Aquino (1933-2009), an seiner Stelle die Führung der Volksbewegung „People Power Revolution" zum Sturz des Diktators Ferdinand Marcos. 1986 wurde sie als erste Frau zur Präsidentin der Philippinen gewählt. Eine ihrer ersten Amtshandlungen war die Ausarbeitung der neuen Verfassung von 1987, die dem Land nach jahrzehntelanger Militärherrschaft seine bürgerlichen Freiheiten zurückgab. Am Ende ihrer Regierungszeit, in der Aquino mit Putschversuchen und Naturkatastrophen zu kämpfen hatte, übergab Aquino friedlich die Macht an ihren Nachfolger – gemäß der von ihr wieder eingeführten demokratischen Prinzipien. Auch nach ihrer Amtszeit setzte sich Aquino für Demokratie und Frieden in ihrem Land ein, bis sie 2009 einem Krebsleiden erlag. Hunderttausende Menschen nahmen während einer zehntägigen Staatstrauer von ihr Abschied.

◆ Vor dem Manila Hotel am Roxas Boulevard steht eine Bronzestatue von Corazon Aquino, neben der Statue ihres ermordeten Ehemanns.

Festung von Jhansi
RANI LAKSHMIBAI
Uttar Pradesh, Indien

Unzählige Mythen ranken sich um Lakshmibai (1828–1858), die Witwe eines Raja (Königs), die sich den Briten 1857 im Indischen Aufstand mit all ihrer Kraft entgegenstellte. Besonders dramatisch sind Schilderungen des legendären Augenblicks, als die Rani (Königin) sich, ihren Adoptivsohn auf den Rücken gebunden, von den Mauern der Festung von Jhansi mitten in das Gefecht hinabstürzte – besser tot als ein Leben in Schande! Die Wahrheit war vermutlich weniger theatralisch, doch weiß man, dass die heroische Kriegerin tatsächlich im Kampf gegen eine große britische Armee, die zuvor wahllos 3 000 Männer und Frauen ihres Volkes niedergemetzelt hatte, ihr Leben ließ.

Überliefert sind Geschichten einer außergewöhnlichen Frau, die ihrer Zeit weit voraus war. Lakshmibai lernte Lesen und Schreiben, was für eine Brahmanin, Angehörige der obersten Kaste, in jener Zeit eher unüblich war. Sie konnte Bogenschießen und beherrschte Mallakhamb, eine indische Gymnastik, sowie die Kunst des Reitens und des Fechtens. Siegreich wehrte die Rani Angriffe benachbarter Fürsten ab, die sie für eine leichte Beute hielten, da sie „nur" eine Frau war. Auch dass Lakshmibai all dies im jungen Alter von höchstens Anfang zwanzig meisterte, ist bekannt. „Obwohl eine Lady, der tapferste und beste Anführer der Rebellen", so schrieb General Hugh Rose zähneknirschend über die Rani. Ein Museum in der Festung von Jhansi, die Lakshmibai einst mit ihrem Leben verteidigte, ist heute der kriegerischen Rani und ihren Waffen gewidmet.

● Wer den öffentlichen Stadtverkehr nicht scheut: Vom Bushalt am Jhansi Government Museum ist die Festung ausgeschildert.

Kinder-Friedensdenkmal
SADAKO SASAKI

Hiroshima, Japan

Das Kinder-Friedensdenkmal geht auf Sadako Sasako (1943–1955) zurück, die beim Abwurf der Atombombe erst zwei Jahre alt war. Als Sadako mit elf Jahren an Leukämie erkrankte, begann sie, Kraniche aus Papier zu falten. Kraniche symbolisieren in Japan ein langes, glückliches Leben. Wenn sie 1 000 Origami-Kraniche faltete, so hoffte Sadako, würde sie geheilt. Leider starb Sadako, bevor sie ihr Ziel erreichte, und ihre Mitschüler falteten die restlichen Kraniche. Das Denkmal von 1958 will Besucher aus aller Welt an die Gefahren der Atomwaffen erinnern. Sadakos Geschichte löste eine landesweite Flut an Papierkranichen aus, die bis heute andauert. Schulkinder aus Japan und der ganzen Welt senden Tausende bunte Papierkraniche nach Hiroshima, die in Glasvitrinen um das Mahnmal ausgestellt werden.

Die Flamme des Friedens brennt im Teich des Friedensparks. Sie soll erst erlöschen, wenn die letzte Kernwaffe auf der Erde vernichtet ist.

Shibden Hall
ANNE LISTER
Yorkshire, England

Ein Onkel vererbte 1832 der kühnen, ungenierten Anne Lister (1791-1840) Shibden Hall und machte sie zur finanziell unabhängigen Landbesitzerin. Anne war eine ausgesprochen produktive Tagebuchschreiberin. Vier Millionen Wörter umfassen ihre schriftlichen Hinterlassenschaften, wobei sie zum eigenen Schutz die Details über ihre vielen lesbischen Affären mit einer Geheimschrift verschlüsselte. Über einhundert Jahre lang blieben die brisanten Tagebücher versteckt, bis die Lokalhistorikerin Helena Whitbread sie in den 1980er-Jahren ausgrub. Heute ist das Landgut Shibden Hall in Yorkshire für die Öffentlichkeit zugänglich. Die TV-Serie *Gentleman Jack*, die auf Listers Tagebüchern basiert, weckt die Neugier vieler Besucher. Neben zahlreichen Liebesaffären führte sie eine langjährige Beziehung mit Ann Walker, ihrer Nachbarin in Yorkshire, mit der sie 1834 in der Holy Trinity Church in York die Ringe tauschte. Lister war ein Gender Bender, doch reich und unabhängig. Daher konnte sie sich unbefangen über Konventionen hinwegsetzen und tun und lassen, was sie wollte.

📍 Das Landgut Shibden Hall ist mit örtlichen Bussen erreichbar. Es liegt inmitten eines weitläufigen Landschaftsparks mit Spazierwegen, Bimmelbahn und einem See für kleine Bootsfahrten. Die Öffnungszeiten variieren je nach Saison.

10 Queere PIONIERINNEN

Frauen, die die Welt verändern, erhalten nicht immer die Anerkennung, die sie verdienen. Betroffen sind vor allem queere Frauen, die aus der traditionellen Geschlechterordnung ausbrechen. Diese zehn Frauen haben die Orte, an denen sie lebten, unauslöschlich geprägt, und ihre Geschichten hallen bis heute nach.

1 ALICE DUNBAR-NELSON

Die afro-amerikanische Autorin der „Harlem Renaissance", Journalistin und Aktivistin hatte in ihrem Leben drei Ehemänner, aber auch viele Frauen als Geliebte. Alice Dunbar-Nelson (1875–1935) engagierte sich in der Suffragetten-Bewegung und kämpfte für die Annahme der Dyer Bill, ein Gesetz gegen Lynchmorde.

2 ELISA SÁNCHEZ LORIGA & MARCELA GRACIA IBEAS

Ein Jahrhundert vor der Legalisierung der gleichgeschlechtlichen Ehe in Spanien heirateten 1901 in der Hafenstadt A Coruña zwei Lesben. Elisa im Smoking und eine gefälschte Geburtsurkunde führten den Priester hinters Licht.

3 EDITH WINDSOR

Die Entscheidung 2013 des Obersten Gerichts der USA zugunsten von Edith Windsor (1929–2017) im Prozess „Windsor gegen die USA" war ein Meilenstein auf dem Weg zur Homo-Ehe. Mit ihrem Sieg wurde der Defense of Marriage Act gekippt, das sich gegen die Ehe von Homo-Paaren richtete.

4 GLADYS BENTLEY

Harlem in New York City war das Revier der Blues-Legende Gladys Bentley (1907–1960). Fans liebten die Stimme und Bühnenpräsenz der Frau in Männerkleidung. Für Aufruhr sorgte ihre Eheschließung 1931 mit einer (noch dazu weißen) Frau.

5 GEORGINA BEYER

Die Neuseeländerin wurde 1995 zur ersten Bürgermeisterin der Welt gewählt, deren Transsexualität öffentlich bekannt war, und 2000 zur ersten Parlamentsabgeordneten. Aufgrund ihrer persönlichen Erfahrungen aus dem Rotlichtmilieu konnte Georgina Beyer (geb. 1957) in Neuseeland 2003 bei der Verabschiedung der Reform des Prostitutionsgesetzes einen entscheidenden Beitrag leisten.

6 RADCLYFFE HALL

Im mittelalterlichen Städtchen Rye in East Sussex lebte und wirkte die englische Schriftstellerin Raddclyffe Hall (1880–1943). Ihr literarisches Meisterwerk *Quell der Einsamkeit* wurde vom Gericht wegen seiner lesbischen Thematik als obszön eingestuft.

7 BARBARA GITTINGS

Sie gründete in New York City die erste Bürgerrechtsorganisation in den USA für Lesben, Daughters of Bilitis. Barbara Gittings (1932–2007) war eine unermüdliche Aktivistin und machte die Diskriminierung der Regierung gegen LGBTQ-Mitarbeiter öffentlich.

8 CHRISTINE JORGENSEN

Nach ihrer geschlechtsangleichenden Operation und Hormontherapie in Kopenhagen 1951 war sie heftiger Diskriminierung ausgesetzt. Doch die Amerikanerin Christine Jorgensen (1926–1989) nutzte ihre Bekanntheit, um für die Rechte Transsexueller einzutreten.

9 ALBERTA HUNTER

Die Jazz-Sängerin aus Tennessee und Songschreiberin schlüpfriger Balladen besang mit Samtstimme ihren „Handy Man". Im Privaten war Alberta Hunter (1895–1984) aber lesbisch. Sie schaffte es in die Music Hall of Fame von Memphis und ihre Songs rocken nach wie vor die Bars auf der Amüsiermeile Beale Street.

10 MARSHA P. JOHNSON

Alle, die im Regenbogen-Outfit bei einer amerikanischen Pride-Parade mitmarschieren, sind Marsha P. Johnson (1945–1992) etwas schuldig. Die LGBTQ-Aktivistin stand 1969 bei den Stonewall-Unruhen an vorderster Front.

„Gleichberechtigung ist mehr als nur Gesetze. Der Kampf wird in den Herzen und Köpfen der Community gewonnen, dort, wo er wirklich zählt." — *Barbara Gittings*

INDEX

A
Abbakka, Königin von Ullal 228
Ace, Jessica 67
Ägypten 227, 257
Agra, Indien 221
Alabama, USA 14
Albanien 268–269
Alexeivich, Svetlana 117
al-Fihri, Fatima 176
al-Hurra, Sayyida 210
Ali, Aruna Asaf 45
Alice Springs, Australien 80
al-Kabbaj, Fatima 176
Allahabad, Indien 166
Alyokhina, Maria 52
Amherst 73
Amphlett, Chrissy 110
Amstelveen, Niederlande 127
Amsterdam, Niederlande 104
Anderson, Marian 137
Angelou, Maya 129
Angola 254
Anning, Mary 151
Anthony, Susan B. 11, 58
Antigua und Barbuda 76
Aquino, Corazon 277
Ardern, Jacinda 186
Argentinien 12, 20, 140, 222
Artemis 251
Aserbaidschan 112
Athen, Griechenland 250
Athena 250
Auckland, Neuseeland 40
Austen, Alice 107
Austen, Jane 132
Austin, USA 140
Australien 29, 80, 105, 106, 110, 154, 163, 206, 219
Ayrton, Hertha 67
Azurduy, Juana 25
Azzudin, Amal 19

B
Bagdad, Irak 202
Bahamas 210
Baikonur, Kasachstan 184
Baillie, Joanna 67
Baker, Josephine 88
Bakersfield, USA 51
Baku, Aserbaidschan 112
Bandaranaike, Sirima 158
Bantwal, Indien 228
Bath, England 170
Bayreuth, Deutschland 244
Beauvoir, Simone de 115
Behn, Aphra 81
Bell, Elizabeth Gould 67
Bell, Gertrude 202
Bell, Vanessa 83
Bentley, Gladys 282
Berkeley, USA 161
Berlin, Deutschland 50, 162, 246
Bernhardt, Sarah 130
Berry, Mary 225
Beyer, Georgina 282
Bhutto, Benazir 179
Billig, Hannah 66
Bingen, Deutschland 201
Bird, Isabella 145
Björk 130
Blankers-Koen, Fanny 175
Blessing, Faye 208
Blyton, Enid 66
Boadicea 214–215
Bogotá, Kolumbien 10
Bolívar, Simón 34
Bolivien 25
Bonny, Anne 210
Borgia, Lucrezia 258
Boston, USA 122, 167
Bouboulina, Laskarina 260
Bretagne, Frankreich 211
Brigid, Saint 267
British Columbia, Kanada 94
Brontë, Anne 109
Brontë, Charlotte 109
Brontë, Emily 85, 109
Buenos Aires, Argentinien 12–13, 20, 140, 222
Burney, Fanny 67
Burns, Lucy 11, 55
Burry Port, Wales 253

C
Cáceres, Berta 28
Cambridge, USA 207
Camden, USA 135
Cameron, Julia Margaret 110
Campoamor, Clara 47
Canossa, Italien 183
Cappoquin, Irland 150
Carr, Emily 94
Carrillo, Elvia Puerto 45
Carson, Rachel 21
Cascais, Portugal 92
Cather, Willa 114
Chaitén 36
Chambers, Kim 196
Chandolin, Schweiz 146
Chastain, Brandi 263
Chawton, England 132
Chennai, Indien 81
Chenonceau, France 194–195
Chicago, USA 35, 141, 235
Child, Julia 225
Chile 36–37, 77
China 173, 193, 198, 210, 216
Ching, Shih 210
Chisholm, Shirley 148
Chittorgarh 75
Christina, Königin von Dänemark 209
Chughtai, Ismat 103
Cixi, Kaiserin 173
Cline, Patsy 208
Clinton, Hillary Rodham 149
Clisson, Jeanne de 211
Coleman, Bessie 199
Colombo, Sri Lanka 158
Colorado, USA 145
Cooper, Whina 40
County Kerry, Irland 114
County Mayo, Irland 237
Cox, Jo 263
Cumbria, England 78
Curie, Marie 204

D
Dänemark 283
Dalyan, Türkei 42–43
D'Arborea, Eleonora 266
Darling, Grace 217
Das, Kamala 94
Davis, Angela 59
Davison, Emily Wilding 19
Day, Dorothy 11
Dayton, USA 199
Decatur, USA 140
De Laurentiis, Giada 225
Deledda, Grazia 123
Desmond, Viola 40
Deutschland 50, 62, 162, 201, 244, 246, 249
Devi, Mahasweta 138
Diana, Prinzessin von Wales 255
Dickinson, Emily 73
Diesing, Freda 139
Dieu-Le-Veut, Anne 211
Dominikanische Republik 46
Dresden, Deutschland 247
Dublin, Irland 65, 128
Dunbar-Nelson, Alice 282
Dunham, Katherine 17
Durowa, Nadeschda 245

E
Earhart, Amelia 253
Eatonville, USA 106

INDEX

Ecuador 34
Edwards, Tracy 189
Elbe, Lili 249
Eleonore von Aquitanien 241
Elisabeth I., Königin von England 271, 276
England 15, 19, 24, 31, 66–67, 76, 78, 81, 83, 85, 102, 109, 110, 119, 131, 132, 141, 151, 158, 159, 170, 189, 196, 214–215, 217, 255, 263, 271, 281, 283

F

Fairmont, USA 171
Farne-Inseln, England 217
Farrell, Sadie 210
Fawcett, Millicent Garrett 31
Fayetteville, USA 149
Fès, Marokko 176
Finnland 228
Fitzgerald, Ella 134
Fontevraud-l'Abbaye, Frankreich 241
Fort Worth, USA 208
Fraley, Naomi Parker 273
Frank, Anne 104
Frankenstein 127
Franklin, Aretha 134
Franklin, Miles 105
Franklin, Rosalind 196
Frankreich 49, 72, 86, 88, 90, 115, 130, 141, 194, 211, 225, 232, 241
Freeman, Cathy 206
Freycinet, Rose de 154

G

Gandhi, Indira 185
Gardner, Ava 245
Gardner, Isabella Stewart 167
Gascoyne, Australien 154
Gathenhielm, Ingela 211
Genfer See, Schweiz 127
Gerwig, Greta 152
Gittings, Barbara 283
Glasgow, Schottland 19
Gökçen, Sabiha 156
Göteborg, Schweden 211
Gombe, Tansania 32
Goodall, Jane 32
Gordimer, Nadine 125
Gordon's Bay, Südafrika 119
Gouges, Olympe de 49
Gozen, Tomoe 248
Granny Nanny 259
Grasmere, England 131
Greer, Germaine 270
Gregory, Lady 128
Griechenland 124, 250, 260
Grierson, Cecilia 20

Groningen, Niederlande 17
Guatemala 38–39
Guggenheim, Peggy 174
Gustafson, Kathryn 255
Guyana 47
Gyeongju, Südkorea 181

H

Hadid, Zaha 112
Haimoff, June 42–43
Haiti 211
Halifax, Kanada 147
Hall, Radclyffe 283
Hamilton, Margaret 207
Hari, Mata 236
Hatschepsut 227
Havana, Kuba 245
Haworth, England 109
Heptonstall, England 102
Herschel, Caroline 170
Hildegard von Bingen 201
Hiroshima, Japan 280
Holiday, Billie 95, 134
Holkar, Fürstin Ahilyabai 233
Holkar, Sally 233
Holzer, Jenny 152
Honduras 28
Hongkong, China 193
Honolulu, USA 156, 238
Hope, Laurence 81
Houston, USA 157
Houston, Whitney 229
Huerta, Dolores 51
Hunter, Alberta 283
Hunter Valley, Australien 163
Hurston, Zora Neale 106, 152
Hyde Park, USA 18
Hyderabad, Indien 197

I

Ibeas, Marcela Gracia 282
Indien 45, 55, 75, 81, 94, 138, 166, 185, 197, 221, 228, 233, 251, 270, 279
Intibucá, Honduras 28
Irak 202
Irland 65, 114, 128, 150, 220, 237, 267
Isla Amantaní, Peru 250
Island 130, 175
Isle of Wight, England 110
Istanbul, Türkei 156, 191, 240, 262
Italien 123, 174, 183, 192, 258, 266

J

Jacobs, Aletta 17
Jacobs, Jane 22
Jamaika 210, 259
Jansson, Tove 228

Japan 121, 248, 280
Jeanne d'Arc 232
Jelabuga, Russland 245
Johanna von Orléans siehe Jeanne d'Arc
Johannesburg, Südafrika 125
Johnson, Katherine 171
Johnson, Marsha P. 283
Jonker, Ingrid 119
Joplin, Janis 90
Jorgensen, Christine 283

K

Kahlo, Frida 70
Kalifornien 49, 51, 59, 90, 99, 129, 161, 196, 244, 273
Kalkutta siehe Kolkata, Indien
Kaltenbrunner, Gerlinde 168–169
Kanada 40, 87, 94, 139, 140, 147, 203, 243
Kapstadt, Südafrika 54, 86, 119
Kasachstan 184
Katharina die Große 230
Keighley, England 85
Keller, Helen 48
Kenia 153
Kent, England 67
Khumbu, Nepal 168
Kildare, Irland 267
Kincaid, Jamaica 76
King, Billie Jean 152
Kngwarreye, Emily Kame 80
Knutson, Coya 163
Kolkata, Indien 138, 270
Kolumbien 10
Kuba 245
Kyōto, Japan 120–121, 248

L

Lahore, Pakistan 103
Lakshmibai, Rani 279
Lee, Lai-shan 193
Leeuwarden, Niederlande 236
Lenox, USA 97
Leonowens, Anna 147
Lesbos, Griechenland 124
Liberia 188
Lili'uokalani, Königin von Hawaii 238
Linlithgow, Schottland 276
Lister, Anne 281
Loiretal, Frankreich 194
London, England 15, 24, 30–31, 66–67, 81, 141, 158, 196, 214–215, 255, 263, 271
Lorde, Audre 98
Loriga, Elisa Sánchez 282
Lorton, USA 55
Los Alamos, USA 151

285

INDEX

Los Angeles, USA 59, 224
Lovelace, Ada 158
Luanda, Angola 254
Luxemburg, Rosa 50
Luxor, Ägypten 226-227
Lyme Regis, England 151

M
Macau, China 210
MacDonald, Flora 275
Madison, USA 140
Madrid, Spanien 141
Madurai, Indien 251
Mahal, Mumtaz 221
Maheshwar, Indien 233
Maillart, Ella 146
Maine, USA 21
Mandela, Winnie 54
Manila, Philippinen 41, 277
Mankiller, Wilma 63
Maria Stuart 271, 276
Markham, Beryl 153
Markiewicz, Countess Constance 65
Marokko 176, 210
Martel, Zita 178
Martins, Helen 139
Maryland, USA 27
Massachusetts, USA 73, 76, 97, 122, 167, 207
Mathilde von Canossa 183
McLain, Paula 153
McNair, Matty 203
McNair-Landry, Sarah 203
McTurk, Diane 47
Mead, Margaret 152
Medb, Königin von Connacht 220
Medici, Katharina von 194
Melbourne, Australien 110
Menchú, Rigoberta 38-39
Merkel, Angela 162
Mexiko 38-39, 45, 70-71, 84
Mexiko-Stadt, Mexiko 38-39, 45, 70-71
Meyer, Annie Nathan 152
Millay, Edna St Vincent 135
Miller, Lee 119
Minakshi 251
Mink, Patsy 156
Mirabai 75
Mirabel, Dedé 46
Mirabel, Maria Teresa 46
Mirabel, Minerva 46
Mirabel, Patria 46
Mistral, Gabriela 77
Monrovia, Liberia 188
Montgomery, Lucy Maud 87

Montgomery, USA 14
Montreal, Kanada 140
Moreau de Justo, Alicia 20
Morris, Jan 192
Morrison, Toni 111
Moskau, Russland 52
Mott, Lucretia 63
München, Deutschland 62
Mütter der Verschwundenen 12
Mulan, Hua 216
Mum Shirl 29
Mumbai, Indien 45
Muminwelt, Finnland 228
Murphy, Dervla 150
Mutter Teresa 270

N
Naantali, Finnland 228
Naidu, Sarojini 197
Nakuru, Kenia 153
Nassau, Bahamas 210
Nepal 168-169
Nieu Bethesda, Südafrika 139
Neu-Delhi, Indien 185
Neuseeland 40, 141, 186, 282
New Glasgow, Kanada 40
Newington Green, England 24
New Kingston, Jamaika 259
Newry, Nordirland 67
New York City, USA 16, 22, 44, 89, 95, 98, 107, 134, 140, 148, 152, 164, 166, 210, 282
Niagarafälle, USA/Kanada 242-243
Nicolson, Violet 81
Niederlande 17, 104, 175, 182, 236
Nieu Bethesda, Südafrika 139
Nigeria 91
Nightingale, Florence 15
Ní Mháille, Gráinne 237
Nofretete 257
Nohant-Vic, Frankreich 72
Nordirland 67
North, Marianne 106
Norwegen 211
Nunavut, Kanada 203
Nzinga, Königin von Ndongo und Matamba (Angola) 254

O
Oakley, Annie 208
Obama, Michelle 235
Ocampo, Victoria 20
O'Keeffe, Georgia 100-101
Orosa, María 41
Oshogbo, Nigeria 91

P
Pachamama 250
Pakistan 56, 103, 179
Palmyra, Syrien 265
Pankhurst, Dame Christabel 66
Pankhurst, Emmeline 66
Pankhurst, Sylvia 66
Paris, Frankreich 49, 86, 88, 90, 115, 130, 141, 225
Paris, Jasmin 159
Parks, Rosa 14
Parton, Dolly 229
Pasadena, USA 263
Paul, Alice 11
Peking, China 173
Pepin, USA 118
Perón, Eva 222
Perry, Colleen Shirley, siehe Mum Shirl
Peru 250
Philadelphia, USA 63
Philippinen 41, 277
Phule, Savitribai 55
Piaf, Edith 86
Pigeon Forge, USA 229
Plamínková, Františka 64
Plath, Sylvia 102
Polen 20, 204
Porphyrogenita, Zöe 262
Portugal 92
Potter, Beatrix 78
Prag, Tschechische Republik 64
Prince Edward Island, Kanada 87
Princeton, USA 111
Prinzessin Sela 211
Prinzessin Wilhelmine 244
Prypjat, Ukraine 117
Pune, Indien 55
Pussy Riot 52

Q
Quito, Ecuador 34

R
Rawalpindi, Pakistan 179
Read, Mary 210
Red Cloud, USA 114
Rego, Paula 92
Reykjavík, Island 130, 175
Richards Bowser, Mary 64
Richmond, USA 64, 273
Ride, Sally 157
Robben Island, Südafrika 54
Rodmell, England 83
Roebling, Emily Warren 164
Roosevelt, Eleanor 18, 137
Rosie the Riveter 273

INDEX

Rouen, Frankreich 232
Roxelana 191
Rudolph, Wilma 166
Rupununi, Guyana 47
Russland 52, 230, 245

S

Sacagawea 274
Sackville-West, Vita 76
Sáenz, Manuela 34
Saint John's, Antigua und Barbuda 76
Saint Paul, USA 163
Salavarrieta, Policarpa (La Pola) 10
Salcedo, Dominikanische Republik 46
Samoa 178
Samuzewitsch, Jekaterina 52
Sand, George 72
San Francisco, USA 49, 90, 129, 196
Sanger, Margaret 16
Sankt Petersburg, Russland 230
San Sebastián, Spanien 47
Santa Fe, USA 100–101
Sappho 124
Sardinien, Italien 123, 266
Sasaki, Sadako 280
Sayers, Peig 114
Scholl, Sophie 62
Schottland 19, 159, 275, 276
Schweden 60, 209, 211
Schweiz 127, 146
Seacole, Mary 66
Selçuk, Türkei 251
Sendler, Irena 20
Seneca Falls, USA 58
Seondeok, Königin von Korea 181
Sexton, Anne 102
Sheikh, Fatima Begum 55
Shelley, Mary 127
Shikibu, Murasaki 121
Shkodra, Albanien 268–269
Sigurðardóttir, Jóhanna 175
Sirleaf, Ellen Johnson 188
Skye, Isle of, Schottland 275
Sligo, Irland 220
Smith, Patti 89
Sorabji, Cornelia 166
Southampton, England 189
Spanien 47, 141, 282
Spanish Town, Jamaika 210
Sperrzone von Tschernobyl, Ukraine 116–117
Spetses, Griechenland 260
Sri Lanka 158
Stanton, Elizabeth Cady 11, 58
Stanton, USA 274
Stein, Gertrude 90

Steinem, Gloria 84
Stern, Irma 86
Stockholm, Schweden 60, 209
Strayed, Cheryl 99
Sucre, Bolivien 25
Südafrika 54, 86, 119, 125, 139
Südkorea 181
Surrey, England 19
Sussex, England 119
Sutton, Peggy 235
Swansea, Wales 67
Swat-Tal, Pakistan 56
Sydney, Australien 29, 206
Syrien 265
Szelinski-Singer, Katharina 246

T

Tahlequah 63
Tallchief, Maria 147
Tansania 32
Tape, Mary 49
Tasmanien, Australien 219
Taylor, Annie Edson 243
Tereschkowa, Walentina 184
Terrace, Kanada 139
Tétouan, Marokko 210
Teuta, Königin of Illyrien 268–269
Theben, Ägypten 257
Theodora, Kaiserin 240
Thériault, Anne 265
Thingvellir-Nationalpark, Island 175
Thunberg, Greta 60–61
Tolokonnikowa, Nadeschda 52
Tompkins, Kristine 36–37
Top Withens, England 85
Tortuga, Haiti 211
Truganini 219
Truth, Sojourner 44
Tschechische Republik 64
Tubman, Harriet 27
Türkei 42–43, 156, 191, 240, 251, 262
Tulsa, USA 147
Tuscumbia, USA 48

U

Ukraine 117
Upolu, Samoa 178
USA 11, 14, 16, 17, 18, 21, 22, 27, 35, 44, 48, 49, 51, 55, 58, 59, 63, 64, 73, 76, 88, 89, 90, 95, 97, 98, 99, 100–101, 106, 107, 111, 114, 118, 122, 129, 134, 135, 137, 140, 141, 145, 147, 148, 149, 151, 152, 156, 157, 161, 163, 164, 166, 167, 171, 196, 199, 207, 208, 210, 211, 229, 235, 238, 243, 244, 263, 273, 274, 282, 283
Utrecht, Niederlande 182
Uttar Pradesh, Indien 279

V

Van Lew, Elizabeth 64
Van Schurman, Anna Maria 182
Vatikanstadt, Italien 258
Venedig, Italien 174, 192
Vereinigtes Königreich
    siehe England; Nordirland; Schottland; Wales
Vicuña, Chile 77
Villaflor, Azucena 20

W

Wales 67, 253
Walker, Alice 84
Walker, Ann 281
Wall, Rachel 211
Walton, Nancy Bird 163
Warschau, Polen 20, 204
Washington, D.C., USA 11, 17, 137
Waters, Alice 161
Wearing, Gillian 31
Wegener, Gerda 249
Weiße Rose 62
Wellington, Neuseeland 186
Wells, Ida B. 35
Wenger, Susanne 91
Wharton, Edith 97
Wheatley, Phillis 122
Whitbread, Helena 281
Wilder, Laura Ingalls 118
Williams, Serena 224
Williams, Venus 224
Windsor, Edith 282
Wollstonecraft, Mary 24, 127
Woolf, Virginia 81, 83
Wordsworth, Dorothy 131
Wright, Margaret 67
Wu, Chien-Shiung 151
Wu Zetian, Kaiserin von China 198

X

Xi'an, China 198

Y

Yingguo, China 216
Yorkshire, England 281
Yousafzai, Malala 56

Z

Zenobia 265

IMPRESSUM

Titel der englischen Ausgabe: *In Her Footsteps*
Februar 2020
Herausgegeben von Lonely Planet Global Limited
www.lonelyplanet.com
© Lonely Planet 2020
ISBN 978 1 83869 0458

Autoren: Alexis Averbuck, Blane Bachelor, James Bainbridge, Rhoda Belleza, Celeste Brash, Morgan Davies, Bailey Freeman, Sarah Gilbert, Bridget Gleeson, Carolyn Heller, Anita Isalska, Virginia Jealous, Lusinetta Winnie Kormon, Su-Yee Lin, Natalie Meade, Meher Mirza, Etain O'Carroll, Jasmin Paris, Elizabeth Paulson, Monique Perrin, Robert Reid, Andrea Schulte-Peevers, Zuzanna Sitek, Zachary Small, Helena Smith, Gloria Steinem, Valerie Stimac, Anne Thériault, Tasmin Waby, Kerry Walker, Luke Waterson, Layla West, Tony Wheeler, Aman Williams, Barbara Woolsey

Managing Director, Publishing Piers Pickard
Associate Publisher Robin Barton
Commissioning Editor Nora Rawn
Art Director Daniel Di Paolo, Kerry Rubenstein
Print Production Nigel Longuet
Illustrations © Lauren Crow, wenn nicht anders angegeben

Verlag der deutschen Ausgabe:
MAIRDUMONT GmbH & Co. KG
Marco-Polo-Straße 1, 73760 Ostfildern
www.mairdumont.com, www.lonelyplanet.de

Projektbetreuung Andrea Wurth
Übersetzung Dagmar Brenneisen
Produktion Dagmar Brenneisen, Petra Appel
Lektorat Susanne Biallas
Abbildungen Fotos © wie angegeben
1. Auflage 2021
ISBN 978-3-8297-3670-1
Printed in China

Auch wenn alle Autoren, Übersetzer, Redakteure und Lonely Planet selbst jede notwendige Sorgfalt bei der Erstellung dieses Buches haben walten lassen, übernimmt der Verlag für den Inhalt keine Haftung.

Alle Rechte vorbehalten. Das Werk einschließlich all seiner Teile ist urheberrechtlich geschützt und darf weder kopiert, vervielfältigt, nachgeahmt oder in anderen Medien gespeichert werden, noch darf es in irgendeiner Form oder mit irgendwelchen Mitteln – elektronisch, mechanisch oder in irgendeiner anderen Weise – weiterverarbeitet werden. Es ist nicht gestattet, ohne schriftliche Genehmigung des Herausgebers auch nur Teile dieser Publikation zu verkaufen oder zu vermitteln. Lonely Planet und das Lonely Planet Logo sind eingetragene Marken von Lonely Planet und beim US Patent and Trademark Office sowie in anderen Ländern registriert.

Cover illustrations: © Lauren Crow; © Danussa / Shutterstock; © Canicula / Shutterstock; © Terpsychore / Shutterstock

Das Papier in diesem Buch wurde nach den Forest Stewardship Council®-Richtlinien zertifiziert. FSC® fördert die umweltfreundliche, sozialverträgliche und wirtschaftlich tragfähige Bewirtschaftung des weltweiten Waldbestands.